U0079438

森心靈
49

快速有效提**升說話技巧**66%**的能力**
讓您輕鬆**成為說服大師、溝通高手**

說話高手

的第一堂課

王光宇 編著

資訊時代，思想觀念、思維方式都是至關重要的！而成功的語言就如同擺動的鐘擺，能以一種和諧的方式來牽動對方往主動自發的方向去。因此，能否說服他人，讓他人接受你的觀點往往成為你成功與否的關鍵因素。說服不僅是一門技術，更是一門藝術。能幹的企業家和雄辯的政治家必須具備這門技術。

安東尼・羅賓也曾說過：「世界上沒有哪一種力量比影響和說服別人更能影響你的生活品質了。」事實上，說服他人，使他人相信自己並產生行動是我們在日常生活中經常遇到的。無論是交友還是工作，無論是商品推銷還是商務談判，都離不開說服和引導。企業家必須具備這門技術來贏得市場佔有率，律師要運用這門技術進行雄辯，政治家要運用這門技術闡述自己的政見和贏得人心，教師、推銷員、演員、管理人員……無疑地，誰都必須具備這門技術。

一個人的說服能力，更能很好地顯示他的力量，口才好的人，說話說得使人欽佩，一個具有說服他人能力的人往往可以很順利地達到自己的目的。

一個有著良好說服力的人，無論立身處事，還是交友，都會輕鬆自如，最有效的就是能夠讓對方不知不覺地產生參

與感。可以說，說服能力強的人，必然成為現代社會中的活躍人物，他們不但可以在為人處事中感覺遊刃有餘、如魚得水，還會受到人們的歡迎。

說服意味著變化。由遭到他人的拒絕到雙方進行合作，由一方的飽和到雙方的需求，由處於弱勢到自己處於優勢，由對方的消極到對方的積極，由雙方的懷疑到雙方的信任，由雙方的激烈競爭到雙方的共同存在的變化過程。為了說服他人接受和同意自己的觀點，我們需要使用一定的技巧。

本書介紹了改變他人態度或觀點的方法和技巧。內容涉及到談判、推銷及生活的種種方面，是一部全面的、實用性較強的指導讀者如何一句話說服他人的書籍。透過大量貼近生活的事例和精練的要點，從中讀者可以很容易地學到很多一句話說服他人的技巧。

透過閱讀此書，你可以很好地掌握說服的法則和技巧，書中由淺入深的指導方法會為你注入改變他人的驚人力量，進而讓你的話語變得更具感染力、影響力。

這是一本可以讓你真正成為說服大師的書。一部真正可以讓你成為溝通高手的寶典。

目錄

第四章　說服時你該做點什麼

第五章　推銷時，說服就是成功

第一章
引起共鳴的說服法

說服他人的技巧，真可謂千萬種，

各有各的特色，而且都不失為錦囊妙計。

人們從這些技巧中學會了怎麼去說服他人，

但是仍有大部分的人在說服時徘徊不前。

原因就是他們還不明白說服中最關鍵的是什麼，

想要把人說得一直點頭，

最重要的就是要和對方達到共鳴。

切忌在爭論中
搶佔上風

「不許爭吵」是佩恩・馬兒特霍人壽保險公司為其代理人定下的規矩。跟別人爭論並不意味著就是把別人說服了。說服人和與人爭吵毫無相同之處。爭吵對改變別人的看法不起任何作用。

「如果你與人爭論和提出異議，有時也可取勝，但這是毫無意義的勝利，因為你永遠也不能爭得你的對手對你的友善態度。」這是聰明的班傑明・富蘭克林所說的。

你更想得到什麼？請認真地思考一下，是想得到表面的勝利還是人的同情？要知道，魚和熊掌是不可兼得的。在與別人爭論的過程中，也許你的意見是正確的。但如果為了改變一個人的看法，而與對方過分的爭執，那麼，你所做的努力只是徒勞無功。

事實上，任何一個人，無論其修養程度如何，都不可能透過爭論把對方說服。佛祖說：「不能以仇解仇，而應以愛消恨。」

爭吵是不能把一些事情弄清楚的，它只能靠接觸、和解的願望和理解對方的真誠心願，只有這些，才是解決問題的最好辦法。俗話說：「退一步海闊天空。」主動退讓息事寧人，以理智戰勝衝動，很快就能把矛盾和衝突解決掉。

生活中，與人有些意見和想法上的分歧是不可避免的，也許，比起其他人來，你會有獨到的見解，想法更好，但是，聰明的人知道在爭辯中沒有必要總是做贏家。因為他們知道，每一個人都愛自己的面子，即使在爭論中佔了上風，也並不代表你真的比別人強，而且並不能給你帶來任何實質性的幫助。相反，被反駁的人因為失了面子，在很多事情上就不願意跟你合作，這樣，由於在爭吵中佔了一時的上風，失去了很多好的機會，是不是有點得不償失呢？所以，切記，不要覺得自己比別人高明而事事佔上風，在適當的時候，做一個輸家，別人會更歡迎你。

避免爭論，與避免毒蛇是一樣的道理。辯論中90％的結局都是一樣，參加辯論的人更加堅持他們的見解而且深信不疑。

釋迦牟尼說：「仇恨的終結不是仇恨，而是愛。」誤會永遠不會因此而解開。只有巧妙地交流與溝通，體諒他人的立場才能使誤會消解。

想要獲得一些什麼，你必須先給予。這對任何成功的溝通者來說都是非常重要的。傾聽他人的意見以便發現他們真正的需

求。每個管理者都以他們自己的方式說著同一件事情：「在爭論中沒有真正的贏家。」觀點不同、意見相左、不和睦、爭吵等等，總而言之，在一個組織中有各種形式的衝突，這是一個共同點。這些不是問題，真正的問題是處於這種情況的時候，你應該怎樣處理好它們。

我們不能讓衝突成為長期磨擦、緊張和拉鋸戰的根源。或者我們應該公開而坦誠地處理它，公正地把它解決掉，讓每一個人對此都滿意。把問題拿出來，與別人好好地商量解決的辦法，而不是爭論，這是最重要的溝通技巧之一，也是避免爭論的一個很好的辦法。這種辦法遠比那種透過爭論而獲得「最終的勝利」的方法好得多，因為這種方法既不傷和氣，又盡快地使問題得到了解決，而那種爭論的辦法，既在雙方心理上造成了不快，也不能使問題得到根本的解決。

在爭論中，千萬不能搶佔上風，要做出適當的讓步，做到這一點是很重要的。一些在爭論中想佔上風的人，說穿了，也是為了滿足自己的一種虛榮心，讓自己在面子上過得去，但是，他們從來不會這樣想：即使贏得了爭論的結果，又得到了什麼呢？得到的是別人的忌恨，是別人對你的不滿，是缺少一個朋友，是以後辦事的不順利。其實，除了這些之外，他們什麼也沒有得到，反而失去了很多，這樣的結果，不要也罷。為了逞口舌之快，而為自己以後的生活道路埋下了很多不順的因素，是何苦呢？

避免樹立
不必要的敵人

在你想要指責別人的時候，你首先應該想到，指責就像放出去的信鴿一樣，牠總會飛回來的。要記住，指責不僅會使你得罪了對方，而且，在有機會的時候，他也一定會反過來指責你。即使是對下屬的失職，指責也是徒勞無功的。如果你只是想要發洩自己的不滿，那麼你得想想，這種指責不僅對方不會接受，而且就此樹立了一個敵人；如果你是為了糾正對方的錯誤，應該誠懇地幫助他去分析錯誤存在的根本原因。

任何時候，一個人抱有不良的動機，才會採用不良的手段。許多成功者的秘密就只在於他們從不指責別人，從來不在背後說別人的短處，顯得自己高明。面對可以指責的事情，你可以這樣說：「發生這種情況真遺憾，不過你肯定不是故意這麼做的，是嗎？為了防止今後再有類似事情發生，我們可以分析一下原因。」類似這種真心誠意的幫助，會比指責具有更好的效果。

11

　　另外要注意的是，對於他人的一些明顯的謬誤，最好別去糾正，否則會讓人覺得你是故意要顯示自己的高明，因而傷了別人的自尊心。在生活中一定要牢記，一些不是原則性的問題，要多給予對方取勝的機會，這樣不僅可以避免樹敵，而且也許已使對方的某種「報復」得到了滿足，可以收到「以愛消恨」的效果。口頭上的犧牲有什麼關係，何必為此結怨傷人？對於原則性的錯誤，你也應該盡量含蓄地表示出來。既然你是為了讓對方接受你的意見，何必讓傷人的舉動出來「逞強」呢？它不僅對你不會有任何幫助，而且還會產生反效果。

　　能表達出你的意見的還有微笑、眼色、語調、手勢等，唯獨不要直接說「你說得不對」、「其實是這樣的」等等，因為這等於在告訴並要求對方承認：「我比你高明，我一說你就能改變你自己的觀點。」如果以商量的口吻、請教的誠意、輕鬆的幽默、會意的眼神，那麼對方一定會心悅誠服地改正自己的失誤，與此同時，你也不會樹敵。如果這類人有了錯誤，往往情願自己改變。如果別人加以指出錯誤，他也會欣然接受並為自己的坦率和求實精神而自豪，問題是，他們首先要有這種體驗和感受。

　　「不打不相識」這民諺就隱含了哲理，既然得罪了別人，當時你的情緒一定得到了「發洩」，與其等待別人的「回洩」自來，不知何時飛出一支暗箭，傷了自己，還不如自己主動上前致意，以便盡釋前嫌。廉頗與藺相如將相和的歷史劇一直在上演。廉頗自

恃積功過人，多次故意羞辱藺相如，而藺相如見狀忍讓，不想與其成為敵人，不願去爭，由於藺相如的這種做法，致使後來廉頗負荊請罪。這就是演繹流傳千古的「將相和」的典故。

有一則小故事：一位住在山中茅屋修行的禪師，有一天，他趁著夜色到林中散步，親眼看見小偷光顧自己的茅屋。找不到任何財物的小偷要離開的時候，在門口遇見了禪師。原來，禪師怕驚動小偷，一直站在門口前等著他，他知道小偷一定找不到任何值錢的東西，早就把自己的外衣脫下，拿在手裡。

小偷看見禪師，正感到驚愕的時候，禪師說：「你走老遠的山路來探望我，總不能讓你空手而回呀！夜涼了，你帶著這件衣服走吧！」說著，就把衣服披在小偷身上。這時，小偷不知所措，灰頭土臉地走了。

禪師看著小偷的背影穿過明亮的月光，消失在山林之中，不禁感慨地說：「可憐的人呀！但願我能送一輪明月給他。」第二天早晨，禪師看到他披在小偷身上的外衣被整齊地疊好，放在門口，禪師非常高興地說：「我終於送了他一輪明月！」禪師的慈悲心，把小偷的靈魂感化了。

生活中，我們與別人有一些磨擦的時候，是否也會嘗試著這樣做，以免使衝突更惡化？這對我們的工作有莫大的幫助。假如你「不幸」地發現你的同事和你作對，你可以把他當作是一個最

容易應付的人，並設法和他重歸舊好。汽車大王福特也說：「和別人要好，是消除敵意的最好方法。」當你態度親切地對待他時，他對待你的態度也會變得很親切。

格林先生是位律師，在不久前，聯邦最高法院審理一宗涉及鉅款和違法的重大案件時他出庭辯護。在律師發言時，一名法官對他說：「根據軍艦製造廠限制條款，你的當事人應判6年徒刑，難道這個量刑有問題嗎？」格林先生看了法官一眼，然後開門見山地對法官說：「法官大人，國家的法律中好像沒有這種條款。」

格林先生又說：「當時的法庭鴉雀無聲，但是我堅持自己的觀點是對的，而法官是錯的。於是，我就把自己的觀點向法官直言陳述了。可是，對於我的觀點，他當然不會同意的。但我仍然相信自己的觀點是符合法律規定的。我覺得這次辯護發言比以往任何一次都成功，但就是沒能把法官說服。當我向這位著名學者指出其不對的同時，我已經犯下了一個很大的錯誤。」

無論是生活，還是工作中，都不要樹立太多的敵人。俗話說：「饒人一條路，傷人一堵牆。」說的就是這個道理。多一個朋友，總是比多一個敵人強，如果，在同行中無端樹敵，同行之間就會有一種無形的隔閡，生意上攜手合作的可能性就會大打折扣。另外更嚴重的一點就是容易使自己在同行中處於孤立地位，這樣，想要獲得成功也就更難了。

說服時要知錯就改

在我們持有正確的觀點的時候，就要試著溫和、有技巧地使對方同意我們的看法；而當我們錯了，就要迅速地承認。這種技巧不僅能產生驚人的效果，而且，在任何情形下，都要比為自己爭辯更有效果。

犯錯的時候，如果我們知道遭受責備是避免不了的，何不搶先一步，自己先認罪呢？譴責自己總比人家的批評好受一些吧！

假如你知道自己犯了錯誤，而且某人想要或準備責備你，就自己先把對方要責備你的話說出來，那麼，那個想責備你的人也就沒辦法再責備你了。十之八九他會以寬大、諒解的態度對待你，把你的錯誤忽視了。

弗迪南德‧沃倫是一個著名的畫家。「為出版社畫插畫，最重要的就是準確、認真。」弗迪南德在回憶自己的經歷時這樣

15

說，「有些編輯要你按照他的意圖馬上創作一幅畫，這時，很可能你的作品就會出錯。與我共事的一位編輯喜歡吹毛求疵。每當他這樣做時，我就會從他的辦公室走出去，這倒不是因為對他提出的批評不滿，而是對他的這種態度和方法感到氣憤。

前不久，他要我在短時間內幫他作一幅畫，我盡快畫好了。後來他打電話請我去聊聊為什麼這樣畫。於是我就用學到的方法做了自我批評。我說：『先生，如果這幅畫確實像你所說的畫錯了，我不會為自己辯護，我承認錯誤。我長期應約為你作畫，這種錯誤發生了，真是太不應該了，為此，我深感內疚。』他立即改口為我開脫：『你說得對，但這不是什麼嚴重錯誤，只是……』我把他的話打斷了：『任何錯誤都要付出代價的，犯錯自然讓人生氣。』他又想說什麼，但我沒讓他說。這是我有生以來第一次批評自己，但是，對這次批評，我沒有任何的不滿。

『我再仔細些就好了，』我說，『你長期找我作畫，有要求我把畫畫好的權力。我再重新畫一幅。』『不、不，』他不同意我這樣的做法，『我絕對不是那個意思。』他把我的作品誇讚了一番，表示只是想讓我對其做些修改，我的這次小失誤不會對出版社的聲譽造成什麼影響，勸我不必為此擔心。我的自我批評使他無法再和我爭吵。最後他請我共進早餐，到快分手的時候，他給了我一張支票，請我為他再作一幅畫。」聰明的人是不會為自己的錯誤辯護的。那些承認自己的錯誤的人，比起一些不承認自己

錯誤的人來，要高明得多。

一位與眾不同的作家——埃爾伯特·哈巴特。他那尖刻的言辭常常引人發怒，可是他具有化敵為友的非凡才華。

例如，當很多氣憤的讀者寫信表示不同意他的觀點，而且還在結尾處寫上一些批評他的言語時，他通常這樣回信：「你的信我已仔細拜讀，我告訴你，我本人對自己的觀點也不甚滿意。那些昨天寫下的東西，我今天也很不喜歡。我高興地瞭解到你對我所提問題的看法。如果你有機會到我們這裡來，請順便到我家來共同探討這個問題。」

埃爾伯特即使是在說服別人的過程中，發現了自己的錯誤，也會說出來，不能為了自己的面子而把錯誤隱藏了，這樣，就算別人不說，也會在心裡這樣想：連自己都有錯誤，還有什麼資格來說服我。這個時候，對於你的觀點，別人當然不會接受了。想要別人接受你的意見，就要記住，隨時對自己語言中的錯誤進行改正，只有自己本身沒有錯誤了，才有資格去對別人進行說服。

「任何改正都是進步。」這是達爾文說的。歌德也說過：「最大的幸福在於我們的缺點得到糾正和我們的錯誤得到補救。」等等，這都是一些名人、偉人們總結出的經驗和教訓！從中，我們應該能得到一些領悟，勇於承認錯誤，有錯就改！

不要搶對方的話

　　社會心理學家在對說服他人的研究中一致指出，說服別人的一個最根本的信條就是：不打斷對方。而且，要專心傾聽對方的話，這樣，才能使對方開懷暢談。在與病人進行心理諮詢時，心理醫生通常都盡量讓對方說出自己想說的話，而避免在中途打岔。否則，對方傾訴的欲求不能得到滿足，彼此也就無法建立較親密的交談關係，更甚者，會使雙方形成一種敵對的關係。

　　另外，一項客戶與推銷員問題信賴度的調查也顯示：那些在商品售出之後會受到客戶非分要求的推銷員，大部分都喜歡說話，並且在客戶說話的時候，經常會打斷他們。我們可以推知，要開啟對方心扉，建立起親密的關係，關鍵不在於說話的方式與內容，而在於能容納對方的態度上。因此，對於從事推銷工作的人，談話的成功與否並不在於說話的內容與技巧上；而在於我們能否容納對方，讓對方盡情地說話，不要打斷對方的話，以收

「不戰而能屈人」之效。

　　如果我們與別人持有不同的意見，或許你想阻止他，但最好不要與對方搶著說話，這樣做沒有什麼效果。所以要忍耐一點，用一顆開放的心聽取他人說話，並認真地鼓勵對方把自己的意見完全發表出來。

　　心理學家卡內基先生認為，世界上沒有任何一個人喜歡被迫購買或遵照命令行事。如果你想贏得與他人的合作，就要徵詢他的願望、需要及想法，讓他覺得是出於自願的。很多人為了讓別人接受他的觀點，總是侃侃而談。商品銷售員更是如此。應該給別人把話說完的機會，因為別人對自己的問題、自己的事情總是比別人知道得更清楚，所以最好不要向他提出問題，而是讓他告訴你他自己的想法。

　　如果你因為對他的意見不贊同，而打斷他的話，那是有害的，請不要這麼辦。在他言之未盡的時候，即使你把自己的意見提出來了，他也會對你置之不理的，因此請靜心聽他把話說完並盡量加以理解。要真心實意地聽，給別人把話說完的機會。

　　靜下心來好好地想一下。當你催促別人、打斷他們，或者完成他說的句子時，你不但要掌握自己的思緒，還要把對方的想法掌握住。這種事情是多麼不容易呀！這也是許多爭執發生的主因，因為幾乎人人都痛恨一件事，那就是在你說話時，別人根本

不聽。在說服他人的時候，想要獲得好的效果，想要讓別人喜歡你、接納你，就必須要消除隨便打斷別人說話的陋習，在別人說話的時候，不要插嘴、不打斷別人的話，而且還要做到：

＊不要用不相關的話題把別人的話打斷。

＊不要用無意義的評論把別人的話打亂。

＊不要與別人搶著說話。

＊不要急於幫別人把事情說完。

＊不要為爭論雞毛蒜皮的事情而打斷別人說話的正題。

但是，如果遇到對方與你說話的時間很長，他所說的話又不吸引人，而且話題越來越令人不快，甚至已經引起大家厭惡的時候，你可以禮貌地把對方的話中斷。這時，你要考慮在哪一個段落中斷最好，同時，也應顧及到對方的感受，不要讓自己把他的話聽完了，到最後仍給對方留下一個不好的印象。

范先生是一家電器公司的業務員，他也有過這樣的感受，下面讓我們來看他的例子。

有一次，范先生正在賓夕法尼亞做一次農業考察。他經過一家整潔的農家時向該區代表問道：「為什麼這些人不用電？」「他們是守財奴，你沒有任何辦法讓他們買下任何的東西，」區代表

厭煩地回答說，「並且他們對公司不感興趣。我已經試過多次，真的是沒有任何的希望。」

因為如此，范先生覺得無論如何都要試試，他走過去敲門。門只開了一個小縫，老羅根保夫人探出頭來。范先生講述說：「她一看見公司代表，就當著我們的面把門一摔。我又繼續敲門，她又把門開了一點，告訴我們她對我們及公司的看法。然後，她把門開得大了一些，探出頭來。用懷疑的眼光看著我們。」

范先生說：「我曾留意妳的一群很好的都敏尼克雞，我想買一些新鮮的雞蛋。」

「你怎麼知道我的雞都是都敏尼克雞？」她把門又打開一點。她的好奇心似乎被激發起來。范先生回答說：「我自己也養雞，但從來沒有見過一隻比這更好的都敏尼克雞。」

她還有些懷疑地說：「那你為什麼不用你自己的雞蛋？」

「因為我的來格亨雞生白蛋。妳是會烹調的，一定知道在做蛋糕時，白蛋不能和赭蛋相比。」這個時候，羅根保夫人放心地走了出來，走到了廊中，態度也溫和多了。范先生環顧四周，發現農場院中還有一個佈置得很好的牛奶棚。

范先生接著說：「羅根保夫人，我可以打賭，妳用妳的雞賺的錢，一定比妳的丈夫用牛奶棚賺的錢更多。」她高興極了！當

然她賺的多！她聽范先生如此說更加高興，但是，她沒有辦法讓她那頑固的丈夫對這一點給予認同。

後來，她還請我們參觀她的雞舍，范先生在參觀的時候，留意她所造的各種小設備，范先生介紹了幾種飼料及幾種溫度，還在幾件事情上徵求了她的意見。

最後，她說她幾位鄰居在他們的雞舍裡裝置電光，聽他們說有很好的效果。她徵求范先生的意見，問她是不是也應該用這種方法。過了兩個星期，羅根保夫人的都敏尼克雞也見到了燈光，牠們在電光的助長之下叫喚著、跳躍著。范先生得到了一份訂單，她的雞也能多下蛋了。雙方都有所獲。

但是，事前如果范先生不把客戶誘入他的圈套，他永遠也沒有辦法讓這位守財奴式的荷蘭婦女買他的電器。

其實，就算是我們的朋友，也寧願對我們談論他們自己的成就而不願聽我們吹噓自己的成就。「如果你要樹敵，就勝過你的朋友；但如果你要得到朋友，那就讓你的朋友勝過你。」這是法國哲學家羅西法考說的。我們應當謙遜，因為你我都沒有什麼了不起的。你我都會逝世，過百年之後完全被人遺忘。要知道，生命是短暫的，不要總是逢人就大談自己小小的成就，讓別人沒有說話的機會，使人厭煩；反之，我們要鼓勵對方多說話。

先想想被說服者希望什麼

　　在說服他人時，我們正試圖拉近自己與對方之間態度上的距離。但是，如果存在著分歧，需要架橋進行溝通時，要使橋梁建得穩固、結實，架橋過程本身包含著許多要素。確定明確的目標、環境以及時機；準確地分析對方、恰當地選擇思想、進行良好的組織、根據和言詞，都是這些因素所包括的內容。此外，可靠地、令人信服地傳遞你的資訊的能力也是需要具備的。

　　對說服的人進行瞭解，不僅要瞭解一般心理特點，還應瞭解說服人的特殊心理狀態，也就是人原有的態度和對待說服者的反應。態度是人們對待某一類社會事物的評價和心理傾向。穩定性是態度的一個重要特徵，某種態度一經形成，想要改變就不是那麼容易了。當我們要說服人，轉變其態度的時候，對方會出現有所抵觸的現象，這是說服十分困難的癥結所在。要做好說服工作，必須把握住說服人的這種心態。

　　美國著名的劇團經理人——尤羅克，他經常和夏里亞賓、鄧肯、巴芙洛麗這些名人打交道。尤羅克說，和這些明星打交道他領悟到的第一點就是，即使他們的念頭是荒謬的，也要表示出贊同。他為曾在紐約劇院演出過的最著名男低音夏里亞賓當了三年劇團經理人。夏里亞賓是個會讓人難堪的人。比如，該他演唱的那天他會打電話給尤羅克先生說：「我突然感覺很不舒服，今天不能演唱。」尤羅克先生並沒有和他爭吵！他知道，劇團經理人是不能和演員爭吵的。而是立刻就去夏里亞賓的住處，向他表示對他的同情。

　　尤羅克說：「多可惜，你今天當然不能再演唱了。我這就吩咐他們把這場演出取消了。這樣你總共要損失2000美元左右，但這個小數目對你不會造成什麼影響的，是吧？」

　　聽完尤羅克的話，夏里亞賓嘆了一口長氣說：「你能否過一會兒再來？晚上5點鐘來，我看看會不會好一點。」

　　等到了晚上5點鐘的時候，尤羅克先生來到夏里亞賓的住處。他再次表示了自己的同情和惋惜，同樣，也再次建議取消演出。但夏里亞賓卻說：「請你再晚一點過來行嗎？到那個時候，我可能會比現在好點。」

　　到晚上8點30分的時候，他同意了這場演唱會，但有一個條件，就是要尤羅克先生在演出之前宣佈歌唱家得了感冒，嗓子不

好。尤羅克先生說一定照此去辦，所以，撒了一個謊，因為他知道，讓夏里亞賓登場演出的唯一辦法也只有這個了。

同情心，這是人們天生迷戀的東西。當對方需要同情時，我們就要用同情的語氣來說服他，這樣就會達到良好的效果。當我們想要說服某個人時，最怕承認自己不對而失了面子，因此在思想上先砌了一面牆，無論怎樣，也要把自己的意見堅持下去，聽不進說服者的意見。在這種心理封閉的情況下，動之以情、以情感人，是解除人的心理防線的一種最好方法。

來看一下尤金‧威森的例子吧！威森為一家專門替服裝設計師和紡織品製造商設計花樣的畫室，推銷草圖。威森先生每個禮拜都要拜訪一位著名的服裝設計家。「他從不拒絕接見我，」威森先生說，「但他也從來不買我的東西。他總是很仔細地看看我的草圖，然後說，『不行，威森，我想我們今天又沒有辦法再談下去了。』」

就這樣，經過很多次的失敗後，威森終於明白自己過於墨守成規；於是他下定決心，每個星期抽出一個晚上去研究為人處世的哲學，以及發展新觀念。

沒過多久，他就想對一項新方法進行嘗試。他隨手抓起六張畫家們未完成的草圖，衝入買主的辦公室，對買主說：「這是一些尚未完成的草圖，請問，我們應該怎樣做，您才會滿意呢？」

買主默默地把那些草圖看了一會兒，然後說：「把這些圖放在我這兒幾天，幾天後再來取吧！」三天以後，威森過去了，得到了他的一些建議，把草圖取走回到畫室，按照買主的意見把它們修飾完成。事情的發展令威森出乎意料，他所畫的六張圖全都被買主接受了。

從此以後，買主又向他訂購了很多其他的圖案，這全是根據他的想法畫成的，而威森卻淨賺了一千六百多元的佣金。在這種情況下，他深有感慨地說：「我現在才明白，這麼多年來，為什麼我一直無法和那些買主做成買賣，我以前只是催促他們買下我認為他們應該買的東西。而現在我的做法正好跟以前相反。我鼓勵他把他的想法告訴我。他現在覺得這些圖案是他創造的，其實也正是這樣。我現在用不著向他推銷，很多人自動就會來買的。」

由此可以看出，一個交流的過程或者說服的過程，是一項複雜的系統過程，想要完成一次成功的說服，需要科學的方式和方法，這個過程不僅取決於說服者個人的素質和能力，也需要說服者要瞭解被說服人的較為全面的資訊，對其個人物質的、心理的需求有所瞭解，並在一定程度上對其人格的、學習能力的判定，進而才能「對症下藥」，讓被說服者把說服的內在內容接受，並且最終達成改變態度的目的。

第二章
與己同謀的說服法

想要成功說服人，就要改變他人，

要不惜一切代價改變對方原來奉為至尊的觀點。

在談話中，一定要讓對方隨著自己的思路走，

慢慢地把他引到自己的洞中，

最終達到一句話說服他的效果。

對於別人缺點，
你應該如何說起

　　當你要說服他人時，面對他的缺點，你該如何開口，才能讓對方欣然接受是非常困難的。如果直截了當地說，對方肯定會生氣。但是如果用婉轉的語氣說就會有不同的效果。所以說，對於別人的缺點，要學會用一句婉轉的話來說服對方。

　　有一位導演，在他還很年輕時，有時要重拍鏡頭，他一定會先稱讚所有的工作人員：「嗯！好極了，現在我們來個稍微誇張的演出。」經他這麼一說，沒有人會表示抗議，自然就接受了導演的指示。

　　因此，以輕聲細語來稱讚他人，會讓對方產生接納的態度，對於自己的意見和要求很自然地也就會接受了。這位年輕導演，就是把人們的這種心理加以利用，更好地達到他要的效果。

　　身為一個主管，在指責別人的缺點時，如果直截了當地說：

「你這麼做不行。」會很容易引起反感，這麼一來，會降低員工士氣。若首先說道：「你最近的工作表現良好，我一直在注意你。」然後，再接著說道：「但關於那件事……」利用此種口吻來斥責的話，不至於使員工怒氣沖天，對你的忠告，反而會謙虛地接受。要向對方提出某種要求或指責時，不妨先誠懇而恰如其分地恭維他幾句，這個時候再接著指責，對方就比較容易平和地接受你的批評了。

在施瓦布從工廠走過的時候，看見幾個正在抽煙的工人。恰好牆上掛著一塊牌子，上面寫著「禁止抽煙」。也許您會認為施瓦布會指著牌子問工人：「你們識不識字？」他當然沒有這麼做。

他走到這些人面前，請他們每個人抽煙，並且說：「你們如果去別的地方抽煙，我會非常感激的。」他們清楚地懂得，他發現他們違反了規定，但是，施瓦布的這種態度令他們很高興，他們樂意地接受了。

同樣用這種方法的人還有約翰·沃納梅克。他在費城開辦了許多大商店。他每天都要去一家商店看看，一天他發現一個顧客在櫃檯前等著買東西。竟然沒有人為他服務，售貨員呢？於是，他就站到櫃檯後面，把東西拿給顧客，讓售貨員把東西包起來。

為了讓他們有所改變，又不得罪他們，他也採用了這種「不直接說他人缺點」的方法。世上的人，無論有多少不同之處，但

29

是我們還有一個共同點,那就是你我都各有長處與缺點,如果我們能學習別人的長處,讚美別人的長處;努力改正自身的缺點,含蓄地指出別人的缺點,即可共同提高水準。不必去批評責難,也不必互相排斥,更不用懷疑別人是否出了毛病,能真正的這樣做,才是一個真正會批評別人的人。

我們都知道,砂糖是甜的,精鹽是鹹的,它們是味道的兩極,味道各不相同,如果想要使食物嘗起來是甜的,加點糖就行了。然而事實上如果我們再加入些鹽,反而更能增強砂糖的甜度。這是因為調和了互為正反的兩種味道而產生的一種新鮮滋味,也正是上天的一個巧妙的安排。

任何事物都有對立,都有正反。正因為有對立的關係,我們才能感覺到自己是真正存在於這個世界上的,也才能體會到一種與眾不同的感覺。

因此,與其苦想冥思別人的缺點,為了別人的缺點而讓自己煩惱,還不如去接納、調和它們,用正確的方法把別人的缺點說出來,想一想用什麼樣的方法對方比較容易接受,真誠地把人的缺點說出來,說服別人,讓他人樂意接受你善意的批評,對方會認為你是他真正的朋友,這樣,你既達到了說服對方的目的,又多了一個朋友,豈不是兩全其美嗎?

把這個道理弄明白了,你也就能面對別人的缺點,怎樣提出

這些讓他們更容易接受。把對方的缺點說出來，並且要讓別人心悅誠服地接受，這就需要一個良好的態度，在任何情況下，都要站在別人的立場上，為別人想一想，如果是你，聽到別人提出對你的意見，你會做何反應？如果這樣想了，無論對方的缺點有多大，或者僅僅是一個小小的缺點而已，你都能以一個平和、讓人容易接受的態度來把別人的缺點說出來，這樣，也就達到讓對方很容易接受的目的了。

「旁觀者清，當局者迷。」在我們的現實生活中，人們對自己存在的問題往往察覺不清，需要旁觀者去勸導、說服。有效的勸導、說服，能解開他人心結，把他人心中的愁雲趕走，排除思想上的煩惱，減輕精神上的痛苦；能使處於迷惘狀態的人們幡然醒悟，改弦更張；讓宿敵消除怨恨，握手言和；叫浪子迷途知返，改邪歸正；讓固執者心中開竅，順其自然……所以，在說出別人的缺點時，我們必須掌握一些說服的技巧。

常言道：「忠言逆耳。」生活中，這樣的事情不少見，本來你是好意對對方提出忠告，對方卻不高興。看來，僅僅出於為別人好的願望而把他不足之處說出來是不行的，忠告也需要技巧。怎樣提出忠告，別人才樂於接受呢？下面有幾種比較好的方法。

語氣緩和，態度和善

其實，把缺點指出，是為對方著想。因此，要讓對方明白你

的好意，必須注意自己的語氣和態度。此外，說話時態度一定要謙和、誠懇，用語不能激烈，但是也不能太委婉，否則對方會覺得你在教訓他、你是虛偽的，進而對你產生反感。

選擇適當的場合和時機

比如，當下屬盡力地去做某件事情，仍然沒辦法把事情處理好，此時最好不要向他們提出忠告。如果你這時不適時宜地說「如果不那樣做就不至於這麼糟了」之類的話，即使你把問題的關鍵說出來了，就算你說的是多麼正確，而下屬心裡卻會頓生「你只顧工作而不管我的死活」的感覺，效果當然就不會好了。相反，如果此時你能說幾句「辛苦你了」、「你已做了最大的努力」的安慰話，然後再用平和的態度與下屬一起認真地分析失敗的原因，最後，對於你的忠告，下屬也會欣然接受的。

另外，提出忠告的場合也很重要。原則上提出忠告時，最好是一對一，避人耳目，千萬不要當著他人的面向對方提出忠告。如果這樣做的話，受自尊心驅使，對方就會產生抵觸的情結。

不要貶低對方，抬高別人

把別人的缺點說出來，第三個要素就是不要以事與事、人與人比較的方式提出批評。因為此時的比較，往往是拿別人的長處比對方的短處，這樣的話，對方的自尊心很容易就會受到傷害。

怎麼說才能讓人
樂於接受你的意見

　　當你和別人交談的時候，不要選擇有分歧的話題，而應選擇意見一致的話題。要想辦法表明，你們的追求是一致的，雖然方法有所不同，但是目的卻是同一個。與某人開始談話時盡量讓他說「是的、是的」，應盡量不讓他說「不」。「不，這種答覆是最嚴重的障礙。如果一個人說了『不』字，他的自尊心就會促使他一直堅持到底。事後他或許體會到這個『不』字不明智，然而他要顧全自己的面子，非這樣做不可。他既然說了，就必定要堅持。因而與人交談時，不給對方創造說『不』字的條件是很重要的。」這是奧弗斯特里特教授在他自己所著書中說的。

　　從心理的角度來看，這是一個非常簡單的問題。當一個人說出「不」字時，他的心裡也確實是這樣想的，不單是口頭上說說而已，他的整個神經思維系統也都處於不贊成的狀態。但當這個人說「是」的時候，就不會發生上面的情況了。你還會發現，我

33

們在談話開始時得到的「是」越多，就越能讓對方樂於接受我們的意見。

假如別人提出了一個你認為不對或不確定的主張，再好不過的方式是這樣對他說：「我不同意您的意見，但我的看法可能也是錯誤的，我是經常犯錯的。如果我哪裡說得不對，請您給予糾正。我們共同實事求是地分析一下。」這句話很有說服力。無論什麼人，對於這種說法都不會拒絕接受的。就這樣短短的一句話，卻具有無窮的說服魅力。

很少有人的思想是符合邏輯的。大多數人生下來就具有偏見、嫉妒、貪婪和高傲等。人們通常不願改變自己的觀點，無論他是否受到外界因素的影響。

如果你總是把別人的不足說出來，那就請每天把哈維‧魯賓遜教授所著一書中的這段話讀一遍：「我們有時會在沒有受任何指責、沒有引起內心不快的情況下改變自己的主張。如果有人直言不諱地把我們的不對說出來，就會引起我們的不滿和怨恨。我們經常對自己的信念是否正確沒有把握，當有人勸我們回心轉意時，我們往往又固執己見，不肯對自己的意見做出任何改變。

顯然，觀念並不值錢，值錢的是我們受到威脅的自尊心……『我的』這一不顯要的字眼是人生和整個人際關係中最重要的一詞。只要懂得了這一點，也就說服你正開始變得更聰明。該詞無

論和什麼辭彙搭配使用，對一個人來說都具有同等意義：『我的』午餐、『我的』國家、『我的』房子、『我的』父親、『我的』上帝。我們都喜歡繼續相信我們早就以為正確的東西，如果有人對我們主張的正確性有所懷疑，我們當然會感到不滿，就會尋找能說明自己正確的理由，對自己的主張繼續堅持下去。」

所以，想要使別人同意你的觀點，請你「尊重他人的意見，不管在什麼情況，都不要把別人的不對直截了當地說出來。」

表揚這東西，很容易就能讓人進入一種自我陶醉狀態。人們總是期望別人對他們能夠有一個高度的評價，你對他們的評價越高，他們對你的評價也就越高。而且，當你要收回他們的高度評價時，為了爭取讓你重新給予他們高度評價，他們也會相對做出很大的努力。

對於主管來說，讚揚是一種非常高超的控制人的手段。在生活中，如果你總是發自內心地說出別人的優點，你就為你能夠對他們施加影響打下了基礎，在這種基礎形成後，如果你說出一些你自己的意見，他們很容易就會接受。如果別人接受了你對他們的誇獎，即使你的意見聽起來不是那麼讓人愉快，他們也會很樂意地接受。

在說出自己意見的時候，要學會在融洽的氣氛中，和顏悅色地把自己的意見說出來，並提出中肯的改進方法。

只有這樣，他們才會樂於接受你的意見和想法，才會在今後的工作中，更加主動地與你配合，一起把事情辦好，也就達到了說服別人的目的。如果你想讓別人接受你的勸誘和意見，不妨這樣說：「我想你的內心必定也是這樣想的。」相信這種方法他們會比較容易接受。

那些愛自吹自擂的人，多數人都不喜歡他們。你當然不希望人家也是這樣看待你。那麼最好的辦法，就是在自己談吐、行動之間，給別人留下一個可以轉圜的餘地，如果你的意見的確是對的，在經過他們的思索後，自然會樂於接受的。萬一他們抱持一種成見，無論怎樣也會接受，那你也必須知道：過分強調、誇大的語氣，並非是征服他們的武器，反而易使他們走向極端，與你產生了更深一層的對峙。

其實，讚美別人是一種很有效的說服別人的方式，學會讚美別人，就要學會與別人交往，並在交往中不斷地發掘別人的優點，使別人能夠樹立信心，把優點更好地發揮出來。

比如在生產中，尤其是在趕產量的時候，主管會對員工說：「大家最近將效率發揮得很好，說明大家都非常努力！我們今天再加把勁，爭取達到120%。」往往要比「今天效率一定要達到120%，如果不能達到，就全體加夜班。」更容易讓別人所接受。

這種既讓別人樂於接受你的意見，又可在別人心目中樹立自

己形象的方法，真是個一舉兩得的好辦法。

　　要知道，每個人都有犯錯的可能，但他卻不認為自己是錯誤的，你不要直接去批評他們，蠢人才這樣做，聰明的人總是找一些更好的辦法，讓別人很樂意地接受自己的意見。別人之所以不用另一種方法看待問題，可能是有原因的，你要揭示其內在原因，尋找一把鑰匙，能對其行為和本質做出判斷。

　　對於別人的問題，要設身處地去想一想。你不妨問問自己：假如你處於他的地位你會如何做呢？這樣你就可以節省很多時間和使自己心平氣和，因為當我們瞭解事情發生的原因，往往就更容易體諒別人。

　　有位作家曾在書中寫道：「當你想指責一個人時，請思考一分鐘，把你對自己事情的強烈興趣和你對與你無關的其他事情的冷漠態度加以比較，這時，你就會領悟到，別人對自己事情的感興趣程度與你一樣。這樣，你就會理解，能否與人順利交往取決於你對他人觀點的態度。」

　　你想要一句話就說服別人，讓他接受你的意見，而又達到雙方都心平氣和的目的，請恪守一條準則：「盡量從他人的立場上看問題。」對方才會欣然接受你的意見。

先說說自己的錯誤

　　身為一個說服者，如果先從自己並非無可指責的話題開始，然後再把被說服者的錯誤列舉出來，那麼，對於這樣的意見，被說服者很容易就會接受。

　　在1919年，畢洛夫公爵就明白了這一點。當時他任德國首相高位，在位的皇帝也是當時最後的一個皇帝——威廉二世。

　　那個時候發生了一件事情，真的是震驚世界。威廉二世在英國發表了一個公開的荒謬聲明，同時還在《每日電訊報》上發表。德皇宣佈他是唯一和英國友好的德國人，還為反對日本進攻的威脅，建立了艦隊，拯救英國免受俄國和法國的欺凌，和其他一些內容。

　　人們從來沒有見過這樣的事情：和平時期，一個歐洲帝王說過類似的話。對於這個聲明，整個歐陸都很憤怒。這種議論嚇壞

了德皇。於是他要求畢洛夫公爵為他承擔罪過，他想讓畢洛夫公爵宣佈一切罪過都在他身上，說這番話之時，是他提給皇帝的建議。「但是，陛下，我不能想像，在德國和英國有誰能相信我能建議您說這番話。」畢洛夫抗議說。

當畢洛夫把這話說完的時候，他立刻明白他犯了多大的錯誤：皇帝暴怒了並喊道：「你以為我是頭驢，我會犯錯，像這種錯誤，你永遠也不會犯！」

這個時候，畢洛夫終於明白了，他應該先誇讚皇帝，然後再譴責他。但現在這樣做，為時已晚了。所以，他就用了另外一個方法。在皇帝批評過他以後，他開始稱頌皇帝。這樣的做法會達到很好的效果。

他接著說：「我根本就不能達到陛下的水準，陛下，您不僅在軍事上、航海事業上，而且在自然科學等諸多方面，您都高我一籌。陛下，每當您談到風雨表和電話或談 X 光時，我也都不懂，只能在旁洗耳恭聽，讚嘆不已。在這些問題上我是外行，沒有一點化學和物理知識。」畢洛夫接著說：「但是，我有一點歷史知識，也許在政治上，特別是在外交方面，說不定還有一些用處呢！」

聽了這些話，皇帝的氣全消了。畢洛夫還繼續誇他。畢洛夫抬高皇帝，貶低自己。後來皇帝饒恕他了。他喊道：「我不是常

跟你說嗎，我們總是互相配合得很好的。所以說，在以後，我們也應該互相支援才對。」

在他們談話的過程中，他幾次握畢洛夫的手。後來，他握著拳頭宣佈：「如果誰對我說反對畢洛夫的話，我會毫不猶豫地給他一個耳光。」在皇帝發怒的情況下，畢洛夫及時救了自己。但是，儘管他很機智，他還是犯了一些小錯誤。他應該談自己的缺點和皇帝的優點，而不應該暗示皇帝有些人需要保護。

假如抬高對方、貶低自己的辦法能使被屈辱的皇帝變成朋友，那可想而知，類似的策略會給你我帶來多少好處。正確使用誇讚和恭順，就可能會創造出奇蹟。

想要別人改變看法，而且還不引起怨恨和分歧，應採用的方法之一是：「在批評別人之前，先把自己的錯誤指出來。」

主動承認自己的錯誤，比讓別人批評要心情舒暢。如果你察覺到他人認為你有不妥之處，或者是想把你的不足之處指出來，首先你自己就要說出來。使他無法和你爭辯。相信，他會寬宏大度，不計較你的過錯，從心理上原諒你。

拿破崙・希爾認為，你如果先承認自己也許有錯，別人才可能和你一樣寬容大度，認為他有錯。

來看一下卡內基舉的一個小例子。他住的地方幾乎是在紐約

的地理中心點上；但是從他家步行一分鐘，就可到達一片森林。等到了春天的時候，黑草莓叢的野花白白一片，松鼠在林間築巢育子，馬草長得高過馬頭。這是一處沒有遭到破壞的林地，叫做森林公園——它的確是一片森林，也許跟哥倫布發現美洲那天下午所看到的沒有什麼不同。他常常帶雷斯到公園散步，雷斯是他的小波士頓鬥牛犬，這隻小獵狗友善而不傷人；因為在公園裡很少碰到行人，一般情況，他都不替雷斯戴口罩或繫狗鏈。

有一天，卡內基帶著他的小狗在公園裡散步，這時，他們遇見一位騎馬的警察，他好像迫不及待地想要把他的權威表現出來。他申斥卡內基：「你為什麼讓你的狗跑來跑去，不幫牠繫上鏈子或戴上口罩？難道你不曉得這是違法的嗎？」

卡內基回答：「是的，我曉得，不過我認為牠並不會在這兒咬人。」

「你不這麼認為！法律是不管你怎麼認為的。在這兒，牠可能會咬死松鼠，或咬傷小孩子。這一次也就算了，我不再追究，但假如下回我再看到這隻狗沒有繫上鏈子或套上口罩在公園裡，你就親自去跟法官先生解釋算了。」卡內基照著他說的，客客氣氣地答應了。

但是，雷斯好像不喜歡戴口罩，卡內基也不喜歡看牠戴上口罩的樣子，因此決定碰碰運氣。起初事情很順利，但是，沒有過

多久時間，麻煩就來了。一天下午，他們在一座小山坡上賽跑，他們又遇到了一個警察。

這一次，卡內基沒有等警察開口就先發制人。

他說：「警官先生，這下你當場逮到我了，我有罪。我沒有托辭，沒有任何藉口了。上個星期，有一位警察警告過我，若是再帶小狗出來而不替牠戴口罩就要對我進行處罰了。」

警察回答：「好說，好說，我知道沒有人的時候，誰都忍不住要帶這麼一隻小狗出來玩玩。」

卡內基回答：「是這樣的，的確是忍不住，但這是違法的。」

警察反而為他開脫：「像這樣的小狗大概不會咬傷別人吧！」

卡內基說：「不，牠可能會咬死松鼠。」

他告訴卡內基：「你大概把事情看得太嚴重了，我們這麼辦吧！你只要讓牠跑過小山，到我看不到的地方，這件事情也就算了。」

經歷過這件事情，卡內基感嘆地想，那位警察，也是一個普通的人，他要的是一種重要人物的感覺；因此當他責怪自己的時候，唯一能把他的自尊心增強的辦法，就是以寬容的態度表現慈悲。在處理這件事情的時候，卡內基所採用的方法是：不和他發

生正面交鋒，承認他絕對沒錯，自己絕對錯了，並爽快地、坦白地、熱誠地承認這點。因為站在他那一邊，他反而為對方說話，所以，這件事情就在一個和諧的氣氛下得到了解決。

所以，當我們知道自己犯了錯，並且還知道很可能會受到別人的責備時，我們何不先把自己的錯誤說出來，這樣，別人很可能會原諒我們，先承認自己的錯誤，對方也不會過分地埋怨你，反而會站在你的立場上替你想一想，這樣的結果不是更好嗎？

布魯士・哈威是新墨西哥州阿布庫克市的，他誤給一位請病假的員工發了全薪。在他發現這項錯誤之後，就對這位員工說，必須糾正這項錯誤，他要在下次薪水支票中減去多付的薪水金額。這位員工說，如果這樣做的話，他的財務問題會很嚴重，因此請求分期扣回他多領的薪水。

但這樣做，哈威必須先獲得他上級的核准。哈威說：「我知道這樣做，老闆一定會很滿意的。在我考慮如何以更好的方式來處理這種狀況的時候，我知道這一切混亂都是我的錯誤，我首先會在老闆面前承認我的錯誤。

我走進他的辦公室，告訴他我犯了一個錯誤，然後把整個情形告訴了他。他大發脾氣地說這應該是人事部門的錯誤，但是，我多次說這都是我的錯誤，他又大聲地指責會計部門的疏忽，我繼續解釋說這是我的錯誤，他又責怪辦公室的另外兩個同事，但

是我一再地說這是我的錯誤。

到了最後，他看著我說，『既然這是你犯的錯誤，現在把這個問題解決吧！』我把自己的錯誤改正過來，沒有給任何人帶來麻煩。我覺得這是一個處理問題的很好的辦法，因為我能夠處理一個緊張的狀況，並且有勇氣不找藉口。從此以後，我的老闆對我就更加看重了。」

當一個人有被指責的可能時，不妨以先發制人的方式先數落自己一番。人們的心理是很特別的，當對方發覺你已承認錯誤時，便不好再多指責。一開始你就先說「我說這些話可能會有點魯莽」，「我這可能是無理的要求」，或是「我說的話雖然是過分點」……

這個時候，即使你說的話確實令對方感到厭煩，對方也不會因為這些而當面把你指責一頓。如果反覆使用，反而更能加強效果，使對方輕易地聽完你的要求，並接受你的意見。

其實，也正是這樣，當我們犯了錯誤的時候，且又需要試著去說服對方時，最好的辦法就是自己先承認錯誤，別人就不會繼續責怪你，這比你不去承認錯誤，而與別人爭論你沒有錯誤相比，難道不是一個說服別人的好辦法嗎？

切忌用命令的
語氣說服人

　　巧妙地誘導對方的心理或感情，以使被說服者信服，這是攻心說服最基本的要點之一。而用命令的語氣說服人是最忌諱的一種說服方式。

　　如果說服者總是強調自己的優點，想使自己佔上風，對方反而會加強防範心。所以，應該故意先點破自己的缺點或錯誤，讓對方產生暫時的優越感，而且注意不要以一本正經的態度表達，才不會讓對方有機可趁，反過來說服自己。

　　伊多‧塔貝爾女士——美國傳記協會主席，她在談到人與人之間關係時說，她寫《歐文‧楊傳》時，對一個與歐文‧楊在一起工作了三年的人進行採訪。

　　他總是提出自己的建議，從來不用命令。比如，楊先生從來不這樣說「請一定做這做那」或「不能這麼做」。他通常說「您可

以看看這個」或「您是否想過，這樣做會更好些」。在口述過後，他常問記錄的人：「您認為合適嗎？」把助手寫的紀錄看過以後，他說：「也許我們這樣寫，會更好些？」他總是給人親自選擇這樣做或那樣做的機會，從來不對自己的助手下命令，讓他必須做什麼，讓他們能從個人的錯誤中吸取教訓。

像這樣，不用命令的口氣，而是一種商量的口氣，能幫助人改正自己的錯誤。這種方法不傷害自尊心，不埋沒別人的優點。它讓人不會和你產生敵對，而且還樂意接近你。

如果你要人家遵照你的意思去做事，應該用商量的口氣。譬如在工商界赫赫有名的邵先生，他對別人說話時，從來不用命令式的口吻。他要人家遵照他的意思工作時，總是用商量的口氣說。

譬如人家說：「我叫你這麼做，你就這麼做。」而他卻是用商量的口氣說：「你看這樣做好不好呢？」如果你請你的秘書寫一封信，你把大意說了以後，再問一下：「你看這樣寫是不是妥當？」看到要修改的地方，又說道：「如果這樣寫，你看怎樣？」雖然你站在發號施令的角度，可是你懂得人家是不愛聽命令的，所以，很多時候是不能用命令的口氣。

我們不如試想一下，若在一個酷熱的夏日，工人們因天氣太熱而躲到樹蔭下休息，工程施工員看到了，走過去把大家臭罵一

頓，工人們迫於無奈，也只能起來繼續施工。當施工員一走，他們便又停手了，這究竟是為什麼呢？

如果那位施工員換一種方式，上前和顏悅色地說：「天氣真熱，坐著休息還是不斷地流汗，這怎麼辦呢？工友們，現在這些工作很緊迫，我們忍耐一下來趕一趕好嗎？如果我們早早地趕完了，早點回去洗個澡，再休息，既舒服又自在，怎麼樣？」這樣就會有很好的效果。

有時候，人難免因糊塗做些不適當、錯誤的事。遇到這種情況，就需要把握住指責別人的分寸：既要指出對方的錯誤，又要保留對方的面子。這種情況下，如果分寸把握得不適當，就會使對方難堪，破壞氣氛和基礎，並因此而帶來一系列嚴重的後果；或者讓對方佔便宜的願望得逞，給己方造成不必要的損失。

心理學家研究顯示，誰都不希望讓自己的錯誤或隱私在公眾面前曝光，一旦被人曝光，就會感到難堪或惱怒。因此，在交際中，如果不是為了某種特殊需要，通常要盡量避免觸及對方所避諱的敏感區，避免使對方當眾出醜。必要時可委婉地暗示自己已知道他的錯誤或隱私，便可造成一種對他的壓力。但不可過分，只須「點到為止」。

在說服時，你首先應該千方百計調節談話的氣氛。如果你和顏悅色地用提問的方式代替命令，並給人維護自尊和榮譽的機

會，氣氛就是友好而和諧的，說服也就容易成功；反之，在說服時不尊重他人，拿出一副盛氣凌人的架勢，那麼說服多半是會失敗的。

畢竟人都是有自尊心的，就連三歲孩童也有他們的自尊心，誰都不希望自己被他人不費力地說服而受其支配。多用提問代替命令（如用「你覺得關上門怎麼樣？」代替「把門關上！」），但也要注意，不要用太多的提問，適當的時候，要直截了當地表達自己的意願。

在說服別人的時候，一大忌就是用命令的口氣和對方說話，即使你說得很有理，也絕對不是一個很好的辦法，別人也會一概反對。就算是被說服者是你的好朋友，你也需要注意，不要讓對方感覺到你目中無人，不把對方放在眼裡。既然你不把別人看在眼裡，對於你的意見，別人當然也會拒之門外。

在說服他人時，要注意說話的態度和敬語的運用，要恰到好處地表達出你的意思，由於你的坦率和誠意，即使對方不完全贊同你的觀點，也不會影響到他對你個人的看法。

「期望往高處爬的人，應該踩著謙虛的梯子。」這是莎士比亞的名言。想要自己提出的意見得到上司的尊重和認可，最好把這句話牢記心頭。

說服時別忘了
給人一個臺階

人們都希望得到別人的承認和重視，只要是一個正常人，都有這種想法。

每個人都有自尊心，都不願意在人前或對方面前丟臉，所以，我們想要說服別人，必須針對這一實際狀況採取辦法，在說服時要留有餘地，不要把話說絕，給被說服者留一個臺階下。

給別人臺階下的方法有很多，如轉移話題法，如果看到對方已有轉移的跡象，就不要窮追不捨，硬逼著別人把自己的不足說出來，而實際是將話題引導到別的方面。肯定他人的優點，然後再說出別人的不足，這樣，才能使他人心理得到平衡。

每一個人都不希望被人否定。採取認同的方法，對他的觀點表示贊同，在心理方面，讓他人得到滿足，然後再指出他的弱點，或者他的觀點中美中不足的地方，這樣他就容易接受，並且

49

對你還會產生一種好感。

「面子」是一個很有意思的東西，與人交往時，不僅自己要有，而且別人也要有。

我們的整個社會也是很講究「面子」的，在這個社會中生存，就需要懂得給他人面子，只有把別人的面子也顧及到了，我們才能在這個社會中如魚得水地生存。

如果不給上司臺階，弄得他下不了臺，可能就會對自己非常不利。他下不了臺的時候，很可能就是你處境尷尬的時候。

在工作中，同事是非常重要的，他們是你朝夕相處、共同合作的夥伴，如果在談論中，你為了讓他們接受你的觀點，在他處於尷尬或者困境時，你不給他臺階下，不給他留面子，在以後，他很有可能會給你帶來一些不必要的麻煩，甚至還會對你以牙還牙地進行報復。

既使是下屬，也不是可以隨意挖苦和謾罵的人，兔子急了都會咬人，更何況是一個活生生的人呢？所謂下屬，是當前在你「手下」忙碌操勞的「家屬」，如果你不照顧他們的面子，或許日後就會成為破壞你好事的人，所以，在你說服他人時，需要注意的是給他們留一個臺階下。

因為有了朋友的存在，朋友之間往往會失了分寸，所以在朋

友面前有些忘乎所以、口無遮攔，但是，如果讓朋友傷了面子，往日裡志同道合的朋友也會成為仇敵的。

在說服別人的時候，通常都不是一帆風順的，因為要別人改變自己的初衷，會讓他從此以後見到你就感到很不自在、很沒面子，所以，怎樣才能達到說服別人的目的，又不會讓對方感到沒有面子，這就需要你好好地思考一下了。任何事情都不要做得太絕，要給別人留條可退之路，讓別人也有說話的權利；或者套句俗話就是，給人留個臺階下。

看一看下面的一個例子：

在一家商店裡，有一位顧客想退西裝。售貨員發現西裝有洗過的痕跡，但她沒有揭穿，而是替顧客保留了面子，給顧客尋求了一條免於難堪的退路。她說：「可能您家人不小心搞錯了，把這西裝送去洗了。我也有類似的情況，有一次，我外出時洗衣店的人來了，我丈夫糊裡糊塗地把一大堆衣服讓人抱走了。和您一樣，是不是這樣？您看，您的衣服上面有洗過的痕跡。」顧客聽了無話可說，心裡對這位售貨員大概也有幾分感激吧！

這位售貨員是一個善良的人，因為她懂得給人一個臺階。金無足赤，人無完人。在生活中，任何人都難免會犯錯和失誤，誰都有可能陷入尷尬的境地。所以，給人一個臺階，是為人處世應遵循的原則之一。

英國詩人華茲華斯說過：「正義之神，寬容是我們最完美的所作所為。」給人一個臺階，是說服別人的一個很好的方法。

富蘭克林少年時十分狂傲，凡是與他意見不同的人，都要遭到他的侮辱。後來，他及時地改變他乖僻、好辯的性格，不再給人難堪，而是坦然接受反駁他的所有正確言論。在與別人交談的時候，他也和氣了許多。這種轉變，使他結交了很多朋友，最終成為易於掌握公眾言論的政治家。的確，在說服他人的時候，給人一個臺階，往往能讓人擁有很多朋友，對自己的成功也有幫助。

現今的社會是一個競爭激烈的社會，容易心浮氣躁，人與人共同相處，或者走在一起甚至在一家商店買東西，一家飯店吃飯，由於各人的修養、性格、志趣、脾氣、文化等不同，有些爭執也是常見的，有時甚至於會發生矛盾與衝突，吵吵嚷嚷，這不足為奇。人各有志，強硬的態度是不能讓其改變的。

但是當我每每遇到這些尷尬時，就要有個姿態，主動給別人一個臺階，多做自我批評，多多諒解對方，化干戈為玉帛，多為對方想一下，用比較和氣的態度與對方談論，在爭論過後，如果你讓對方難堪了，不妨為對方端一杯茶說：「看我們還像孩子一樣，為了這個問題弄得……」這樣，你顧及了對方的面子，給了他一個臺階，對方也就會更容易被你說服。

如何讓人樂意
去做你交代的事

　　一個聰明而且很有經驗的人，都會遵守一條最重要的人們相互關係準則，那就是「讓人高興去做你建議他去做的事」。

　　當威爾遜決定讓威廉・馬卡杜擔任他辦公室成員的時候，就利用了這個準則。這是威爾遜給予別人的一種最高榮譽，但是，他的做法是這樣的：讓人更多的感到此工作的重要性。

　　請看馬卡杜本人是這樣敘述的：「他（威爾遜）說他正在組閣，如果我接受他的邀請擔任他的財政部長，他一定會很高興。也就是說，威爾遜使人覺得如果我接受他的邀請，就是幫了他很大的忙。」

　　有一個人，他經常拒絕別人邀請他公開演講，可是他做得很巧妙，一點也不得罪被拒絕的人。他是怎麼做到的呢？他不用老套，總是說「我很忙」。首先，他把自己的感謝和遺憾之意表達出

來：感謝邀請他，遺憾不能赴邀，然後推薦能代替他去演講的人。也就是說，他不會讓別人有失望的感覺，拒絕之後，就立刻讓他邀請另一個人。

他通常這樣建議：「您為什麼不去邀請我的朋友克利夫蘭‧羅傑斯？」或者是這樣說：「你們為什麼不去請希科克先生？他在巴黎住過15年，一定知道很多事情的。」等等之類的話。

1915年，是美國舉國震驚的一年，因為這一年間，歐洲各國彼此殘殺；規模之大，為人類戰爭史上所罕見。能重新實現和平嗎？沒有人知道答案。可是，威爾遜總統決心要為這件事而努力，他要派一個代表，一個和平專使，與歐洲的軍閥們進行會商。

主張和平最有力的人是國務卿勃雷恩，他希望為這件事奔走。他看出這是個絕好的機會——可以完成一樁名垂後世的偉大任務。可是威爾遜總統卻派了另外一個人，那是勃雷恩的好友郝斯上校。如果郝斯上校把這件事情告訴了勃雷恩，而且還不讓他對自己憤怒，這是一件很難辦到的事情。

郝斯上校在日記上寫道：「當勃雷恩聽說我要去歐洲擔任和平專使，顯然相當失望。」勃雷恩表示，這件事本應由他來完成。我回答說，總統認為一位政府大員擔任這件事，是很不合適的。如果去了那裡，會引起人們極大的注意，美國政府來對此事進行協商？

這句話的話中之意，你看出來了嗎？郝斯上校似乎就在告訴勃雷恩他的職位是何等重要，擔任那項工作是極不適宜的。但是勃雷恩卻沒有任何怨言了。郝斯上校機警而富於社會處世經驗，做到了人與人之間關係中，想說服對方，必須做到「永遠使人們樂意去做你所建議的事」這是很重要的。

在某機關工作的陳主管有一天對女打字員王小姐說：「妳今天穿了這套漂亮的衣服，把妳的美麗、大方更加展現出來了。」王小姐突然聽到了主管對她的稱讚，感到受寵若驚。沒想到陳主管又接著說：「可是，我仍有個問題要告訴妳，我說這句話的目的是要使妳心裡高興，我希望妳以後打字的時候，對於標點符號，要特別注意一下。」

陳主管這樣說，未免太露骨，但這方法確實達到了他要的效果。因為，如果他直接告訴王小姐，叫她對標點符號要特別注意，她心裡就會感覺到今天受了上司責備，為此，她也許會不高興好幾天，她也許要為她自己辯護，說她自己是很小心的，因為原稿上有錯誤或不清楚，所以，不應該讓她負起全部的責任。這樣一來，陳主管的規勸不但沒產生作用，說不定還會適得其反。

人們的本性就是這樣。所以，你要改變他人的意志，而不引起他的反感、抱怨，就應該好好地想一想，怎樣說才能讓人更樂意去做你交代的事。

怎樣鼓勵人成功

雜技演員彼得·巴洛，他一生隨雜技團漂泊。只要狗取得一點成績，他馬上愛憐地撫摸牠，給牠一塊肉吃。這樣的事情沒有什麼新鮮的。馴獸者都採取這種方法。奇怪的是，我們想要使別人有所改變卻沒注意到應採取這種方法。我們為什麼不採用「用煎餅代替皮鞭」的方法呢？為什麼我們不用誇獎代替斥責？哪怕是做出微小的成績都應該誇獎。這對人們取得偉大的成績會產生很大的鼓勵作用。

做過典獄長的人都明白，即使是微小的成績，你只要對他們進行了讚揚，都會對監獄裡的犯人有很大的影響。他在信中說：「我發現，對囚犯行動的讚揚比把他們嚴厲地批評、譴責一頓，會有更好的效果。」有個住在倫敦的青年，他很想成為作家。但是似乎不是那麼容易。他只讀過5年左右的書。父親因還不起債務被送進監獄。這位青年經常餓肚子。

最後，他好不容易才找到了一份工作。他與其他兩位朋友住在頂樓一間屋子。這位青年總是對自己的才能有所懷疑，為了避免別人知道後嘲笑他，他把自己的第一部手稿悄悄在夜裡寄走了，剛開始的幾次他的稿子都被退回來了。最後，他終於等到了這個幸運日，他的稿子被編輯接受了，雖然，年輕作家沒得到絲毫報酬，但得到了出版者的誇獎。這位青年很激動，噙著熱淚在馬路上走了半天。誇獎和承認他的才能改變了他的生活道路。也許你曾聽說過他，那個年輕的小伙子就是查爾斯・狄更斯。

假如我們對遇到的人進行鼓勵，我們不僅能使他堅定信心，而且還能使他們走向一條光明的路。

這絕對不是誇大其詞，讀一讀美國最著名的心理學家和哲學家、已故的詹姆斯教授的一段名言你就會相信，「我們僅僅利用了我們身上潛在的體力和智力的很微小的一部分。人本身有許多能力還沒有被開發與利用。」

讀到這幾行文字的人們，在你們的身體裡有一些能力都未被利用。你誇獎別人、鼓舞別人，激發出他們潛在的能力，這也可能是你諸多未被利用的能力之一。如果你想讓他人有所改變，又不引起他人屈辱和忌恨，應採用的方法之一是：「誇獎人，哪怕是只有一點點成績，也要做到慷慨的誇獎和真誠的讚揚。」

也許每位演講者都有過這樣的經歷：傾其所有給聽眾卻得不

到一點掌聲時的洩氣。同樣的情形也可能會發生在辦公室、商店和工廠，還有我們的家人和朋友。別忘了，在人際關係方面，我們所有的同事都是人，他們每一個人對讚揚和欣賞都是渴望的。

在我們的生活中，不妨多說幾句感謝的話，帶給人們一些友善的小火花。愛默生說過這樣的話：「我碰到的每一個人，或多或少是我的老師，因為我從他們身上學到了某些東西。」連愛默生都這樣認為，那麼對你我來說則更是如此。

我們不要老是想著自己的成就、需要，而應盡量去發現別人的優點，但是卻不是迎合他人，而是給別人誠實而真摯的讚賞。「誠於嘉許，寬於稱道」，別人就會永遠地把你的話記在心裡。所以，表現真誠的讚揚和欣賞是非常重要的。

林肯也說過：「每個人都喜歡讚美。」讚美之所以能產生一些特殊的效果，一在於其「美」字，表明被讚美者有卓然不凡的地方；二在於其「讚」字，表明讚美者友好、熱情的待人態度。約翰·杜威——人類行為學家，他說：「人類本質裡最深遠的驅策力就是希望具有重要性，希望被讚美。」因此，在與他人交談時，要肯定他人的成績與進步，要讚揚，要鼓勵。

在開始說服別人的時候，不妨先把他的成績、優點讚揚一下，然後再開始說出自己的觀點，首先在態度上，別人對你沒有了那種防備心理，處於一個友好的狀態，你再把自己的意見說出

來，對方很容易就會接受了。

從歷史上來看，戴維和法拉第的合作是一個典範。雖然，他們有一段時間彼此之間不是很友好，法拉第的突出成就引起戴維的嫉妒，但是，他們兩個人的友誼仍然被後人所稱頌。法拉第和戴維相識前，就給戴維先生寫信道：「戴維先生，您的演講真好，我簡直聽得入迷了，我熱愛化學，我想拜您為師……」收到信後，戴維就決定見法拉第一面。

後來，法拉第成了近代電磁學的奠基人，他總忘不了戴維，他常說：「是戴維把我帶進科學殿堂大門的！」可見讚美是友誼的泉源，是一種很好的黏合劑，它不但會把老相識、老朋友團結得更加緊密，而且，即使是不認識的人也能把他們黏合在一起。

杜威曾說過：「人類最深刻的動力是做個重要人物，因為重要的人物經常能得到讚美。」從心理學的角度來看，人對自己的評價大多來自於周圍人對自己的評價，如果周圍人給予他肯定、積極的評價，那麼，他就會覺得自己行，就會在生活中樹立起自信來。反之，如果周圍的人給予他的總是一些消極的批評，他就會產生自卑心理。所以，喜歡聽到別人讚美自己是人的天性。

生活中，因為他人給了我們讚美，我們才有了被人關注和尊重的感覺；因為他人給了我們讚美，我們才能體會到被人理解的愉快。真誠的讚美對一個人心靈的激蕩，猶如陽光滋潤萬物。

有次，歐陽修外出，曾與一位青年同行，青年不認識歐陽修，居然指著路邊的一棵死槐樹，在歐陽修面前做起了詩。

詩曰：「遠看一枯樹，兩個乾樹椏。」顯然，這是一首無可救藥的死詩，這首詩既無色彩更無活力，但是歐陽修聽了他的詩以後，並沒有挖苦他半句，還笑瞇瞇地誇了一句：「好詩！好詩！如能加上兩句想必會更好！」

青年問：「加哪兩句？」

歐陽修回答：「春來苔是葉，冬至雪作花。」

青年聽了，連忙點頭稱是，並深有所悟。不是嗎？春天樹上有青苔，那綠色就是它的生命，冬天樹上有了積雪，那潔白就是它的丰采！特別引人深思的是，歐陽修的讚美與續詩，不僅把「山窮水盡」變成了「柳暗花明」，而且給了年輕人無限的力量和信心。自然，正因為他的讚美之詞，那青年才矢志不移，從此與文學結下了深緣。

很多情況下，讚美就是點石成金，誰會讚美，誰就能有一個良好的人際關係，誰就能更好地達到說服別人的目的！能改變一個人的看法。同樣地，現代社會與人交往也是一樣，人的本性是渴望得到讚美的，如果你能給予別人真誠的讚美，別人對你的態度也會有所改變，樂意與你交談，願意接受你的意見。

給別人一個好名譽

　　名譽是一個沒有價值的東西。它既不能用金錢去購買，也不能用金錢做尺度。雖然名譽只流傳在人們的口頭上，但是卻要人們用心去判斷。

　　正如《墨子·修身》篇上所說的：「名不徒生，而譽不自長。」一個人的好名聲，必須有不斷的善行予以支持，否則，再好的名譽也有歸於沉寂的可能。有地位的人固然很注重名譽，但只有當社會上普遍都對名譽十分看重的時候，美德才可能成為一般人的道德而廣泛流行。

　　所以，名譽和榮譽比起來，更是可貴的。

　　想要改變他人，首先也要給他人一個好的名譽。如果一個優秀的工人變成了一個粗心、馬虎的工人，你怎麼辦？你當然有解雇他的權利，但這並不能解決任何問題。你也可以斥責他，但這

樣做會使你們之間的關係受到傷害，往往會導致怨恨。

　　印第安那州一家卡車維修服務部的經理亨利說了這樣一件事。他發現一位機修工的工作效率比起以前降低了很多，令他很不滿。亨利衝著他大聲叫嚷、催他動作快嗎？他並沒有這樣做。他只是把這個機修工叫到辦公室，坦誠地跟他談了一次話。

　　亨利說：「比爾，我們都知道，你是一位很棒的機修工。你在這兒工作這麼多年了，把許多車輛都修好了，而且客戶還對你非常滿意。事實上，由於你工作出色也得到了公司的表揚。不過，最近你完成一項工作的時間比過去長了點。因為你過去的表現一直是很好的，你肯定會感覺到我對你現在的工作狀態不甚滿意，也許我們可以一起把這個問題解決。」

　　「我還沒有意識到這個問題，不過我向您保證，以我的能力，一定會在以後的工作中改進的。」比爾回答說。是人性的弱點使他做到了這一點。他再次成為了頂尖的機修工。為了不辜負亨利先生給他的名譽，他時時刻刻都想著要比過去表現得更好。

　　薩默爾‧溫克萊是鮑德溫機車廠總裁，他說：「對於大多數人來說，如果他得到你的尊重，並且你對他的某種能力表示認可，他就很容易受到引導。」如果你想讓他人把某些方面的缺點改掉，就要做得好像他已經具有這方面的優點了。莎士比亞說：「如果你不具備一種美德，就假定你有。」

最好的辦法是假定並且公開宣稱他人已經具有你想要他發展的美德。把美好的名譽送給別人，為了這個名譽，他會盡快地做到這個名譽的標準。

在《紀念我和馬特里克的生活》一書中，雷布蘭克女士這樣寫過，是一個醜陋的比利時女僕的驚人變化：

在鄰近的一家旅館內，有一個負責幫我送飯的女僕，我稱她為「洗碗的瑪麗」，因為一開始她是一個洗碗工。的確，她長得不怎麼好看，八字眉，蘿蔔腿，無論在肉體上還是精神上，她都是一個很可憐的人。一天，她用她的紅手托著一盤通心粉送給我的時候，我直率地對她說：「瑪麗，妳不知道妳身上有什麼寶藏。」

已經習慣把自己的情緒壓抑住的瑪麗停了片刻，不敢表示一點態度，深怕惹禍。她將盤子放在桌子上，率直地說：「夫人，我以前從來不會相信的。」她並沒有懷疑，沒有發問，只是回到廚房，把我的話重複了一遍又一遍。這就是信任的力量，沒有人和她鬧著玩。從那天起，雖然有的人也會對她有一點關心，但瑪麗本身卻在悄悄發生著最奇妙的變化。由於她相信自己的身上有一種看不見的奇妙的東西，她的光彩好像重新煥發了。開始對自己的臉及身體小心地注意打理起來，她的身上少了一分平凡。

過了兩個月，她告訴我她將要和廚師的侄子結婚了。「我將要做太太了。」她一邊說著，一邊向我道謝。我簡單的一句讚

美，竟然使她的整個人生發生了變化。雷布蘭克女士把一個美好的名譽給了「洗碗的瑪麗」，這個名譽竟然使她徹底改變了，好像換了一個人。

佛羅里達州一家食品公司的銷售代表——比爾‧帕克。有一次滿腔熱情地向一個大的食品批發市場的經理傑克介紹他們公司的新產品，期望著他們能訂他的貨，但傑克拒絕了他。比爾很難過，整整一天，他都在沉思著，最後決定再去找傑克談談，再試一試。

比爾說：「傑克，今天早上我走後，發現我沒有將我們公司全部新產品的照片給你看。現在，能不能佔用你一點寶貴的時間，我再把遺漏的要點給你說明一下。其實，我最佩服你的就是，你總是很有耐心，能把別人的話聽完，並且有足夠大的氣度在事情發生變化時把自己的看法也改變一些。」

這次，傑克沒有拒絕比爾。比爾給他一個美好的名譽，他就趕緊把這個好名譽維護住。

馬丁先生是都柏林的牙醫，一天早上，他很受震驚，因為他的一位病人怒氣沖沖地指責放置漱口用的杯子的托盤不乾淨。這位病人走後，他馬上寫了一張便條給負責打掃診所環境的臨時工布里特：「親愛的布里特女士：雖然我們見面的機會並不多，但我還是想對妳出色的清潔工作表示感謝。順便說一句，我們原先

約好的每週兩次、每次兩小時的清潔時間可能太緊湊。如果妳有時間的話，請隨時再來半小時，做一些妳認為應該經常做的事情。比如說清理一下杯子和托盤等等。當然，妳做的這些額外的工作，我會另外付清潔費給妳的。」

馬丁先生說：「第二天到診所後，我發現桌子被擦得明亮如鏡，鍍鉻的漱口杯也擦得晶亮，它下面的托盤也是同樣的乾淨。而這些工作，都是她在兩個小時的時間內完成的。」

紐約一家「萬特印刷公司」的總經理——萬特先生，他要改變一位技術師的態度和要求，而不引起反感，就利用了這一技巧。這位技術師負責管理若干台打字機，和其他日夜不停在運轉的機器。他總是抱怨工作時間太長，工作太多，說自己需要有一個助手幫忙。

但是，萬特先生是怎樣做的呢？他既沒有縮短他的工作時間，又沒有替他增添任何一個助手，卻使這位技師高興起來了，這是什麼原因呢？萬特想出的主意很簡單，他給那位技師一間私人辦公室。辦公室外面掛上一塊牌子，上面寫著他名字的「服務部主任」的頭銜。

做了這些之後，他不再是任何人可以隨便下命令使喚的修理匠了。他現在是一個部門的主任，他覺得自己有了自尊、自重的感覺，這位「服務部主任」真的很高興，再也不抱怨什麼了。

　　這個人是不是太幼稚了？可能是吧……但是，這樣的事情確實曾發生，這次是發生在拿破崙身上。當他訓練榮譽軍時，發出一千五百枚十字徽章給他的士兵，封他的十八位將軍為「法國大將」，把他的軍隊稱為「偉大的軍隊」的時候，人們也說他「孩子氣」，譏笑他拿玩具給那些出生入死的老軍人。但是拿破崙卻這樣說：「是的，有些人就是甘願被玩具所統治。」

　　拿破崙這種以名銜或權威贈予的方法，不僅對拿破崙有效，而且對你我也同樣有效。

　　所以，你想要說服他人，請記住這句說服他人的方法：給人一個美好的名譽，讓他為保全這個名譽而努力。

第三章
引蛇出洞的說服法

引蛇出洞，把被說服人看作一條蛇，

你該用什麼辦法引他出洞呢？

不能剛開始一句話就把對方嚇跑了，

我們要的是一句話把人說服。

所以要學會說對方容易接受的、喜歡聽的話；

而且說話時別忘了把自己融入進去，

說話時臉上要時刻帶著微笑……

說對方容易接受的話

　　在古希臘，有一個寓言：舌頭這種東西的確像個怪物，它能用最美好的語詞來讚譽你；也可以透過惡毒的語言詛咒你，它能把螞蟻說成大象，也能把小丑說成國王。這些，都是說話的威力。現實生活中，我們判斷一個人是否有力量，這種力量能否表現出來，很大程度上都是由他們的說話能力決定的。

　　在我們的生活中，說話，可以說是大家天天在做的事情，但善於說話，能把自己的意圖清楚地表達出來，使別人樂意接受，卻是一件不太容易的事情。心理學家理查得‧班得勒說：「當你對一個人說話時，你不是想給他傳達資訊，就是想改變他。」但是，對於你的意見，對方是不是會接受呢？換句話說，你溝通的目的是否能夠實現，就是另外一回事了。溝通是雙向的交流，它的成敗不取決於你說了什麼，而是取決於對方的反應。即使你說得再多，如果對方不接受你，也沒有任何意義。

　　既然人們的相處需要言語去交流，心靈去溝通。那麼，對於我們的意見，怎樣才能讓對方更容易接受呢？最重要的就是，說話要讓對方容易接受，要少說多聽。在交往中，很多人都想表現自己，把口才展示出來，總以為自己說的越多，效果會更好；其實，多說話不一定是好事，而一個如果不聽人言，自說自話，這樣的人往往會給人帶來厭煩的感覺。

　　人性的弱點之一是喜歡聽順耳的話。那麼我們可以充分利用這一人性弱點，在說服對方的過程中，既讓對方暢所欲言，自己用心傾聽，又在自己說話的時候，說一些對方容易接受的話。

　　說一些對方容易接受的話，是表示你對對方的尊重與重視，這樣比較容易贏得對方的好感。因為人們總喜歡與尊重自己、平易近人的人來往。戴爾‧卡內基曾說：「說別人想聽的話是我們所能給予別人的最大讚美。」

　　所以，你想要得到別人的認可，就要在一定程度上「順」著對方，讓別人表現得比你優越，這個時候，你再提出一些意見時，對方就比較容易接受了。

　　同時，用心傾聽，不是只聽到對方的言辭，還要把那些話裡的真正意思聽出來，把握對方的心理，知道他需要什麼、關心什麼、擔心什麼。只有瞭解他的心，自己說出的話才會更有力量，才會增加說服的針對性，讓對方接受你的意見。

其次，在談話過程中，要對對方說出的話做出積極的反應，表明自己對內容感興趣。比如，聆聽時，你應該看著對方的眼睛，保持適當的視線接觸。在對方說話的時候，不要無故打斷對方的話，用微笑或肯定性的簡短回答——比如「是的」、「很好」等，來表示你的贊同。如果你對他們的話毫無反應，一句答話也沒有，對方就會認為你沒有在認真地聽他們說話。

想要一句話就說服對方，要主動使自己的口頭語言、身體語言與對方保持一致，也就是對方習慣用什麼方式，你就用什麼方式配合。這樣會給對方一個你很認同他的暗示，在他的心裡，會認為你很尊重他。

比如，如果對方正襟危坐，不苟言笑，那你最好也規規矩矩，不要大大咧咧。他要是喜歡打手勢，你也要用手勢去配合他。這樣即使談話中一時難以取得一致的意見，但只要你們配合默契，你們的談話就能繼續下去。

同樣的意思，盡量多用陳述的語氣，而不用反問句，多替對方考慮一下，多問問對方的感受，對方很容易就會接受。想要被一個團體接納和喜歡，不僅需要提高溝通能力，還要求個體對這個團體以及團體中成員的認同感。

只要你拿出真誠友善的態度，首先認同和喜歡你的同事，敞開心扉，你的同事們也會像你一樣，很快就會喜歡你、接納你。

　　笑臉容易給人留下一個好印象，可以使對方更容易接受你。所以，當你要說服對方的時候，要不斷微笑、注視對方的眼睛，這樣，也能讓對方的心情放鬆很多。但笑時，不要帶一副另有含意的樣子，別人會討厭的。

　　有些時候，可能需要說一些對方可能不易接受的話，比如需要指出對方的缺點、錯誤或批評對方時，首先要考慮對方是否能接受。如果一開口就批評，對方肯定會有抵觸情結，這時候，就得繞個彎再說，在說之前先說一些對方愛聽的話，或者讚揚對方一番，然後再轉入正題，這樣，就會有很好的效果。

　　一家廣告公司曾經發生過一件事：高明是一位設計師，他為客戶做了一個方案，連續改了幾次，客戶還是不很滿意，高明自己也有點不耐煩，說什麼也不想改了，老闆讓高明的好朋友李雨去說服高明再修改方案。

　　剛開始，李雨也不知道怎麼說才好，後來他想到了一個方法，就對高明說：「最近你做的方案很不錯，表述非常漂亮，老闆看了以後也說非常好。不過有個問題還是需要跟你探討一下，就是內容上還可以再精確一些。我們兩個一起做，怎麼樣？」李雨說的話先揚後抑，語氣婉轉，聽不出有什麼批評的意思，高明自然容易接受，事情就這樣順利地被解決了。

　　說服他人時，語氣轉折是非常重要的，先揚後抑的方法重點

在「抑」，但對方聽起來就不像直接批評那樣受刺激，因為人往往是先入為主，前面讚揚的話讓他很受用，後面的批評聽起來像好意相勸，自然對方就能聽進去了。所以，在對朋友說話時，應該坦誠相待，但也要以禮相待，注意說話時的語氣和口吻，像「如果」、「不過」、「當然」、「能否」「可能」等，應該常常使用這些語詞。雙方的溝通和交流就很容易進行了。

委婉含蓄的表達比直截了當地說更能體現人的語言修養。直言不諱、開門見山雖然簡單明瞭，但刺激性大，容易對對方的自尊心造成傷害，例如「你的臉比較大，適合穿……領子，你的腿比較粗，適合穿……的褲子。」

而委婉說話不應該是：「你是不是覺得你穿上這種領型的襯衫很不好看？」應該說：「你是不是覺得你穿上這種領型的襯衫會更挺拔？這種強調頸部和誇張肩部的設計對平衡上下身的比例將會產生更好的調節作用，使整體勻稱又不失成熟美。」

前後幾句的意思雖然相同，但後者委婉而又禮貌，比較得體，使人聽起來輕鬆自在，更容易接受對方的意見。說對方容易接受的話——委婉含蓄的語言，既是勸說他人的法寶，又能適應人們心理上的自尊感，容易讓別人產生贊同。要懂得尊重對方，說話要委婉，不要對別人造成傷害。

用激將法
讓他說出真心話

　　有時為了說服對方，想讓他說出他的真心話，激將法不失為一種好方法。它究竟是一種什麼樣的方法呢？簡單地說，就是從心理學角度出發，用反面的話激勵別人，使之為做成某事而痛下決心，進而產生良好的語言表達效果。

　　一般來說，激將法有幾種不同方式，如果運用自如，就會有很驚人的結果出現。

　　激將法之一是「明激法」。就是針對對方的心理狀態，直截了當地給予貶低，用否定的語言刺激對方，刺他痛處，激怒他，使他「跳起來」，而我們即可以從這激將的過程中來觀察識別出他的真正志氣和志向。

　　《三國演義》中，周瑜企圖假借曹操之手殺掉孔明的時候，孔明採用的就是激將法，揭穿周瑜的詭計。當孔明欣然同意接受周

瑜佈置的劫曹操糧草的命令時，對魯肅說：「吾水戰、步戰、馬戰、車戰，各盡其妙，何愁功績不成？非比江東、公與周郎輩止一能也……公等於陸地但能伏路把關，周公瑾但堪水戰，不能陸戰。」魯肅將此言告知周瑜，周瑜憤怒地說：「何欺我不能陸戰耶！不用他去，我自引一萬馬軍，往聚鐵山斷操糧道。」魯肅又將此言告知孔明，孔明將問題挑明，並從抗曹大局出發，笑對魯肅說：「公瑾令我斷糧者，實欲使曹操殺吾耳。」這裡，孔明就是把周瑜的自尊心加以利用，好勝心強，不甘落後的虛榮心，故意誇耀自己，貶低周瑜，進而達到了自己想要的目的。

激將法不僅在古代非常適用，而且在現代的說服藝術中，也是一種不可缺少的妙法。現代社會，人們要生存，就要學會很多東西，例如交際中應該注意的一些東西，而且，現代的人們，並不是一眼就能看透的，想要知道別人內心的真正想法，還是需要一定的技巧的。激將法就是很好的一招，這種辦法，能使人的心理防線崩潰，內心比較混亂，為了達到辯護自己的目的，而在無意間把心裡的真實想法說了出來。這時，我們使用激將法的目的也就達到了。

激將法可以說是一種非常巧妙的說服人的技巧。使用激將法往往能夠使被說服者感情衝動，進而去做一件他在平常情況下不容易接受的事情，比如請求或和他商量他可能不會去做的事；激將法還可以激起對手的憤怒感、羞恥感、自尊感、嫉妒感或羨慕

感等等，在這種情況下，對方處於被激的狀態，在不知不覺中就上了激將者的當。

其實，「激將法」也就是讓對方在不情願的情況下出來應戰而「中計」，以求達到自己的目的。乍看，這與說服者毫無關聯。但是，如果說服者在說服對方運用「激將法」，不但可以幫助說服者解決難題，而且可以收到意想不到的效果。

一般情況下，說服者說服別人時並不是一帆風順的。有時也會遇到出師不利的情況，比如被說服者不願意談，不願意接受對方的意見。在這種情況下，如果說服者就此罷休，就不能達到說服別人的目的了；如果說服者另想辦法，比如運用「激將法」，也許能抓到一條「大魚」，獲得意外的驚喜。

如果還有其他的解決辦法，不是在逼不得已的情況下，一般不要用「激將法」說服別人。如果他是一個願意接受你意見的人，如果你說什麼別人都能認真聽進去，如果他是一個可以說服的人，要是這樣的話，就不要採用「激將法」說服別人。在採用「激將法」說服人的時候，應該是善意的，與人為善的說理型的，這樣，被說服者才會樂意接受。

「激將法」又是一種幽默的語言，讓被說服者聽了會笑出聲來。那麼，你的「激將法」就成功了。「激將法」說服的運用要講究時機和人，不是什麼時候和什麼人、什麼事都可以用的，這

就要靠說服者的判斷能力了，也要靠說服者的經驗。如果沒有十分的把握，可以先小試，對方沒有反應時應該立即打住，以免引起大家尷尬。

假如你與對方面談想要達到目的時，想知道對方的想法，就必須在有限的時間之內，盡量正確地掌握對方的真實一面。掌握的方法必須靠各種深度的心理技巧。有一種被稱為「壓迫面談」的手法，使用起來有很好的效果。典型的例子是，提出一個令對方不快的質問，置對方於困境狀態，迫使他在兩者之間做出一個選擇。換句話說，其實是「欺壓對方」，讓他處於困境之中，看他有什麼反應。

一個在危機之中的人，就好像赤身裸體地立在眾人面前一樣，因為其裝飾外表的「理性」已經失去，既然沒有了偽裝，心理的情況便很容易暴露出來，也就很快地把真心話說了出來！

心理學家曾做過這樣的探測：在電視節目上邀請一百名觀眾代表。當時攝影棚內放置了一百張三面椅，代表坐在椅子上，兩側和後面都是高高的遮板，沒有辦法看到其他的人，只能面對主持人和攝影機，而且必須戴上耳機。

這樣一來，坐在椅子上的人只能聽到主持人的問話，不與其他的任何東西接觸，處於「與世隔絕」的狀態。在這種情況之下，每位代表的表情都令人叫絕。一些平常有錢有勢、姿態優雅

的人，在碰到較尖銳的問題時，竟顯現出了平常我們絕對看不到的表情，有的人竟然因此憤而退場。

一位政治記者以取材積極、果斷而聞名國際，他曾表示他取材的信條便是「使對方生氣」。這種方法是為了讓那些警覺性很高的厲害人物說出真心話，故意對對方無禮，或是使對方神經可能錯亂的各種質問對待之，這便是所謂的「壓迫面談」。故此他能夠採訪到別的記者採訪不到的新聞，其實，這都是因為他把人的這種心理掌握住了。

對對方說的話是否真實進行探測，或者想知道他對當時的話題關心到何種程度，便可利用「壓迫面談」的方法，故意提出對方不滿意的意見。注意，如果僅僅只是為了知道對方的誠意，卻惹得對方發火，這樣反而對你不利，除非你決定與他一刀兩斷，或者你還有法寶可以使他息怒。因此，如果你沒有說服他人的信心，最好還是不要用這種方法。

但是，如果你採用另一種方式，如「大家都說……」，「××說……」，把發言權推給第三者，不是由自己直接說出來。這樣就可讓對方把不愉快的事提出來，使我們能夠在對方不警覺的情況下，對他的反應及真實的內心和人品進行觀察。

曾經有一個電視節目，內容是邀請多位政治家，詢問他們的意見和想法。做法是：先將他們隔離，然後以連珠炮方式對這些

難以作答的核心問題進行提問。

剛開始，他們都能從容作答，但因主持人的語調極快，致使有些議員感到招架不住，但那位主持人根本不予理會，還是繼續發問，而且問題越來越難回答，把那些議員惹生氣了，他們說：「開玩笑！這類問題怎麼能在這種場合回答，我拒絕作答！」然後便憤憤離去，而攝影機也把他們離去的鏡頭拍進去了。

一定會有一些認為事態嚴重的觀眾，殊不知這些議員已在不知不覺中陷入了圈套。一般來說，政治家們在平常的會議或記者招待會上，態度都是一本正經的，做些官腔式的答覆根本無法看見他們的另一面。這個電視訪問就是為了想聽聽他們說出的真心話而特別設計的。那些平常從他們口中很不容易聽到的話，也讓他們在大家面前衝口而出，就是這一節目的最大目的。

但他們都是一些身經百戰的政治家，在一般情形下，使他們就範的可能性是不大的，尤其是他們居高臨下的地位，自尊心自然相當強。果然不出所料，陷入了人家特別為他們佈置的陷阱內，本來在會議上都高談闊論，但是，在真正問及時，就變得難以啟齒，於是就板起了臉孔，進而把真面目露了出來。

無論任何人，感情一旦爆發了，大都會失去理智而說出內心的話，這樣一來，想要掌握他們的心就很容易了。這時的說服可以說已經成功了一半。

說服人的方法

　　在1915年的時候,科羅拉多的人們最仇恨的人就是洛克菲勒,美國工業史上規模最大的罷工浪潮在這個州持續了兩年。礦工們要求富勒煤鐵公司對工人的工資有所提高。當時該公司由洛克菲勒主持。罷工者憤怒地砸壞機器,拆毀設備,因此引發了軍隊的干預,並導致多起流血事件的發生。

　　在人們非常憤恨洛克菲勒的時候,他卻決定把罷工者爭取到自己這邊來,並且他真的做到了這一點。他是怎樣辦到的呢?首先,洛克菲勒用了幾個星期的時間謀求與罷工者建立友好關係,爾後向罷工工人代表發表了熱情洋溢的談話。他這次演講真的可以說得上是演說傑作。它產生了奇妙的效果,緩和並阻止向他襲來的仇恨浪潮。在這次談話之後,洛克菲勒的一批崇拜者出現了,部分罷工者隻字未提放棄為之而長期抗爭、提高工資的要求,繼續進行了生產。

下面是演講的開頭，請注意其中有多少和善、友好的話語。請不要忘記，洛克菲勒是在和幾天前想讓他死的人說話。儘管這樣，他還是把自己的誠懇和友好表現出來，甚至比在一群傳教士面前演講表現得還誠懇。在談話中，他的言語真是感人肺腑。

他說：「朋友們，我今天為能在你們面前說幾句話而感到自豪。我已拜訪了你們的家庭，見到了你們的妻室兒女，可以這樣說，我們在這裡相聚，任何人都不是局外人，而是朋友！今天，是我一生中值得紀念的日子，我為能和這個大公司的工人代表、職員和管理人員第一次在此相會而感到榮幸。請相信，我為此而自豪，並把這一天永遠地記住。假如我們相聚在兩個星期之前，對你們其中的大多數人來說我還是個陌生人。因為在那個時候，只有幾個人認識我。在拜訪了你們的家庭並已和你們當中的不少人進行交談後的今天，我可以有把握地說，我們彼此都是朋友，所以，才會相聚在這裡。」

這是洛克菲勒說服他人的一篇典型演講。

如果洛菲克勒沒有採用這種方法，那麼結果又如何呢？如果他據理力爭，擺出一大堆力求證明這些礦工是無理的要求，即使他把對方駁倒，那他也是一無所獲。仇恨和憎惡會明顯增加。

沒有任何人能像約翰·洛克菲勒那樣欣賞威爾遜的這些觀點。如果一個人不僅對你沒有好感，而且還懷有敵意，那麼無論

你採用何種方法也不會說服他同意你的意見，他也更不會站在你的那一邊。

那些專橫的領導者、總愛嘮叨的父母、喜歡固執己見的妻子、獨斷獨行的丈夫等都應明白，人們是不願意把自己的意願改變的。對於他們不願意做的事情，不要強求。但如果對他們以禮相待並講究策略，那麼，你的目的還是有可能達到的。

來看一則例子，這是一位先生的自述：

在美國念大學時，我的同學曾經到日本當了一年交換學生，一面學日文，一面學空手道。

有一天晚上，他在搭乘地鐵回家的途中，突然有一位人高馬大、臉色猙獰的醉漢進入車廂中，並且把一對老夫婦撞倒了。這時，車廂內的其他乘客開始感到害怕，並慌忙的退開，醉漢看見這種情況，說道：「對！大家都滾開！」還用雙手到處推他身邊的乘客，把全車的人弄得不得安寧，爭先恐後的逃開了。

我的同學認為是該教訓他的時候了，便起身走向這位胡鬧的醉漢，準備用他的空手道來制止對方的不當行為。當醉漢看到有人公開挑釁他時，憤怒地叫道：「洋鬼子，你想怎麼樣？」

就在這緊張的時刻，走來了一位老先生，用極其悅耳，只有在叫好朋友時才會用的聲音說：「嗨！你好，老兄！」醉漢愕然

回頭，看到是個他不認識的老人，便語帶怒氣的說道：「小老頭，這裡沒你的事，趕快走開！」

而這位老先生並沒有生他的氣，依然用同樣的友善態度回應道：「看起來你今晚喝了不少酒。我聞出來是清酒。」醉漢咆哮道：「就算是清酒又怎麼樣？」老先生開始笑道：「清酒當然很好啊！我最喜歡跟我老伴，在月光明媚的晚上喝清酒聊天，你也是和太太一起喝的吧！」

醉漢一聽，突然臉色變得很悲哀，說道：「不，在四個月前，我的太太就去世了，這件事讓我最悲痛了。」說完就開始掉眼淚，坐下來接受這位熱心老先生的安慰，並開始敘述他與妻子之間的恩愛，以及他喪妻的痛苦。一場本要發生的衝突就這樣被一個老人阻止了。

卡內基先生盡了畢生之力，研究人們如何能和平共處。他發現林肯總統一百多年前說的話，最能代表待人處事的智慧：「假如有人對你印象惡劣，你就是用盡所有的基督真理，也很難使他信服。大家都應該認清：人的思想最不容易改變。你不能強迫他人同意你，卻可以引導他們——只要你態度溫和、友善。記著：一滴蜂蜜要比一加侖的膽汁招引更多蜜蜂。」所以，想更好地達到說服別人的目的，就一定要以友善的態度開始。

巧妙說話，
以便贏得主動權

　　有些人在說服他人時，常常可以看到他們會故意製造激烈的話題。這種人是唯恐他人取得說話的主動權，而想盡力獲得自己在談話中的優勢。因為如果自己不能搶先提出話題，對方就會不斷依照對自己有利的方式提出話題，在逐步改變話題的時候，你就逐步就範於對方，結論當然也會傾向於對方最有利的方向。

　　在相聲演員上臺表演的時候，往往都是從容不迫的。

　　他們先以慢條斯理的動作上臺，然後環視觀眾，最後再從容地開口。從上臺到開口這段時間相當長，這個時候的觀眾，對他的演說早就迫不及待地想聽了。而他就是這樣緊緊抓住觀眾的心理，才慢慢開口，這樣一來，觀眾不會輕易放過他所說的每一句話和每一個演出。

　　在我們的生活中，別人往往會向我們提出抗議，首先最重要

的就是安撫他們。由於對方處於激動狀態，即使我們對他們說些正確的話，恐怕對方也聽不進去。這個時候，我們就要想辦法把對方引入我們自己設的圈套內。

當然，首先你得聽聽別人的意見，然後連拿筆記本的動作也要緩慢。這樣，即使對方來勢洶洶，但是因為你的步調與他不能配合，他自己也會慢慢洩氣，於是他就會漸漸冷靜下來。如果到了這種地步，也就等於你已經成功了一半，然後才開始導入正題，這時你就可以以主動的姿態來進行你們的交談了。

一部分出租汽車公司還有專門處理車禍的部門，大多由一些老手負責。當有人向他們提出抗議時，他們通常都以慢吞吞的動作，甚至連回答的話也是慢條斯理的，以把激動的抗議者完全掌控。至於要掌握住對方的心，並不一定一開始就要以巧妙的口才來說服他，還可以以從容不迫的態度來讓對方一開始就就範。

當別人的情緒很激動的時候，我們可以以從容不迫的態度來應對。

一個從事廣告贊助的人，他拉廣告很有一套。有人請教他的經驗，他說：「我一定要和對方見個面才使得出辦法來，在電話裡行不通。只要見個面，我就可以找出對方非接受不可的理由。」因此，很多不輕易贊助的企業家一碰到他，都會被他所說服而答應他的要求。

　　他的辦法是這樣的：想盡辦法與對方見面，見面之後不提正事，先像沒事的人一樣與對方話家常，盡量使話題越談越投機，最後，在適當的時候說：「你這樣一提，使我想起了……問題，你認為如何？」

　　其實這個問題，在他們剛開始談話的時候，他就放在了心上。對方中計發表意見之後，他就接著說：「太好了！你的意見非常特別，就請你按照這個意見向貴公司宣傳宣傳吧！」這樣一來，一般情況下，對方都會答應的，因為要宣傳的東西剛剛自己都已經說了一遍。

　　就算你沒有任何要求，只是表示自己的意見，這個辦法也是可以用的。例如：「對！你這樣說，倒使我想起……」或「正如你所說的……」等，先用對方的話，再讓他們說出自己的意見，可使對方認為自己是主角，會更容易接受你。特別是在你想說服對方的時候，這種技巧更為重要，因為如果直截了當地提出，對方會有壓迫感，但若使用對方用過的表現法，就完全不同了！

　　談話時，即使主導權在自己，也要時時地捧對方一下，對方就更容易聽你的話了。

　　如果你想和陌生人說話，這樣做要比站到別人前面，總是怯生生地不好意思開口強，而且如果真的是那樣，你就沒有辦法掌握說話的主動權了。

　　有人可能會把說話的主動權理解為發言權、說話權，但是，這是不正確的。所謂主動權，是指人們所發現、闡釋和創造的概念、思想、視角被他人使用的權力，指的是他人不自覺地就被引導到特定的思維層面上思考問題的權力。

　　說服者要時時掌握說話的主動權，將對話引入正確的軌道，朝著良好的方向發展。說過話以後，還是要進行同樣的思考，對說話的成效進行客觀評估，總結得失，把說話的效果進一步提高。

　　談話的時候，應當盡快進入實質性階段。對方可能時間比較緊湊，過多的「鋪陳」會令人感到厭煩，說不定會有適得其反的效果。

　　爭取在最短的時間內把對方感興趣的話題找出來。這樣對方才會願意和你交談，切不可口若懸河、喋喋不休，使對方沒有機會發表看法，也許被說服者會因無法忍受而不得不把聽筒從耳邊拿開。如果這種情況出現了，那麼這次的說服就是失敗的。

　　有時，即使自己掌握著說話的主動權，也要讓對方有說話的機會，這樣可以更好地瞭解到對方意圖。如果對方談話「離題了」，這時，你就要負責把話題給拉回來，及時使談話轉入正題。總之，說服他人時，應當遵循的首要原則，就是把握住談話的主動權，使談話始終按照預先設想的進行，不脫離談話的主題。

　　不知你有沒有發現，很多優秀的新聞採訪人員，不少人從不提出話題，卻經常追蹤對方的話題，而且還會使對方提出的話題更加擴展開來，結果，就把對方知道的情況全部誘導出來了。這種人真可謂是談話專家。當然，在其他工作人員中，這種很注意傾聽別人談話，並善於誘導的人也是有的。

　　掌握說話的主動權還在於說話的語言速度上，如果你的說話速度快了，開場就是你先說話，主動地與別人交談，那麼，你就能贏得說話的主動權，讓自己處於優勢。

　　同樣，說服別人的過程也是一樣的，是你要說服別人，而不是別人要說服你，你絕對不能讓對方掌握說話的主動權，否則，不僅你沒有達到說服別人的目的，而且別人還把你說服了，這種情況是非常不妙的。

　　在一開始說服別人的時候，說話速度就要比平時快一點，這種快不是語無倫次的快，而是在有條有理的前提下，把速度比平常跟人聊天時的速度加快一點，以便你先開口，讓對方處於被動狀態，讓對方跟著你事先前設計好的思維一步一步走下去，按照你口中所說的道理來對整個事情有一個新的思路，讓他認為你的思路、想法是正確的，願意接受你的意見，這樣，你就能水到渠成地達到說服對方的目的了。

只讓他選擇，
不讓他討價還價

　　當你站在百貨公司的服裝專櫃前，正猶豫該買哪一件時，當然，這時的你對衣服的顏色或式樣並無具體要求。在這種情況，如果走來的是一位夠精明的店員，她會暫時觀察正在迷惑的你，然後提供選擇說：「顏色方面，你是希望明亮些還是穩重些？喜歡哪一種呢？」而此時，店員把你要購買作為既成的前提，進一步展開下一階段，以「明亮或穩重些」一類的二選一具體方式發問，這個時候，你就會忘記剛才所迷惑的原因。

　　最後，店員會再補充「這個……如果是你要買的話，我建議你還是選擇色彩明亮一點的較好。」她就是讓你以購買為前提，從這個出發點進行思考。像這種情況，故意設下與實情不同的前提，企圖左右未來的判斷，心理學上稱之為「錯誤前提暗示」。在說服別人的過程中，如果你想讓對方順著你的意思走，對他說話的時候，就要以一種他改變自己的觀點，但是還沒有決定聽不聽

你的意見的口氣對他說話，只讓他選擇，不讓他「討價還價」。

「A或B，請您選擇自己喜歡的。」這時候，會讓人以為做了一項自己的選擇，而上了錯誤前提暗示的當，最後，做出的選擇就是有利於你的。

把決定的權利交給對方，讓他有心理準備。需要對方聽你說話時，首先應使對方有聽你說話的心理準備，這點也是自我表現時最重要的一點。而在說服時，要使對方有心理準備，最有效的方法就是先問對方，「現在是否能請你聽我說話？」像這樣的開頭，先問對方是否方便，會使對方產生一種你很誠實的印象，同時，這樣的開場白，對方聽你說話的心理準備也已經做好了。

之後，對方可能會告訴你說：「我只有5分鐘。」但你開始說話以後，即使從5分鐘變成10分鐘，對方也會願意接受的。因為對方已允許你了。所以他會認為主導權在他，即使你把時間再拖長些，對方也不會有所不悅。或許他這時沒有聽你說話的時間，但如果你先問他何時方便，他也會告訴你一個確定的時間。

有位太太，做媒人很有辦法，只要有人處於適婚年齡，無論男女她都有百分之百的信心把他們撮合在一起。她是這樣說的，當他舉棋不定時，你就直截了當地問他：「是戀愛方式還是見面方式好？」千萬不能問他為何舉棋不定。若是他在兩者中做選擇，就表示事情已成功一半，後面才應該是談結婚的事。

很多大學都做過類似這種性質的實驗。譬如把一張鐘錶的照片給某一個人看，過一會兒再問他剛剛照片上鐘錶的時間是不是9點，或者是照片上的時間是10點，其實，你不需要問他是幾點，問他是3點，對方會回答是9點，因為他看照片時並不曾刻意地去注意幾點鐘，而只是隱約有印象。所以，如果有兩個選擇方向的話，他會選擇其中比較可以接受的一個。

想要你說服的人做出決定，需要運用比運氣、猜測或心血來潮等更多的技巧。想要擁有良好的說服技巧，有幾種技巧可大大增加別人回答「對」的機會，他們只要這樣回答，就表示他們會做你想讓他們做的事情。

1、告訴人們為何要同意和答應你

無論發生任何事情都是需要一個原因的，因而當你想讓別人做事情時，就把這樣做的理由告訴他們。

但是，要注意一點，就是要確信你說的理由一定要對他們自己很有利。如果這些理由僅僅有利於你自己，你就犯了一個大錯誤。例如，你想將某一產品推銷到一家商場，你可以這樣對商場經理說：「根據我們的產品在上海的銷售情況，如果您銷售這個產品，它會給您每月帶來2800元左右的利潤。而您的商店貨物種類很齊全，如果沒有這一產品，對喜愛這一產品的消費者來說，是個遺憾。」

總而言之，請告訴人們，按照你所說的去做，他們便會受益，受益的並不是你自己。

2、問一些只能用「對」來回答的問題

當你想讓別人以「對」回答你的問題的時候，首先讓別人進入一個「對」的思維框架中，可以問他們幾個答案為「對」的問題，比如說：「先生您一定希望您的家庭很和睦，對嗎？」，「小姐您肯定想把錢花在最有價值的東西上，對嗎？」等等。如果你問的是一個「對」的問題，那麼，這個問題也一定是一個只能以「對」來做答案的問題。這樣做的理由是，人們進入了一個「對」的思維框架後，對你說「對」的可能性就會很大。要注意的是，要恰當地問這些只能用「對」來回答的問題。也就是說，當你問些類似問題時，應點頭示意，你問題的開頭應該是「您」。

3、讓人們在兩個「好」中選擇一個

其實，也就是讓人們用一種或另一種方式對你說「對」，這比問一個人可以肯定或否定的問題要有效得多，無論選擇哪一個，對你說的都是「對」。這比你讓別人做事時提供一個既可以肯定，也可以否定的問題要好得多。這個技巧是讓他們在你的兩個「可以」中選擇一個。例如你想約歐陽先生就可以這樣說：「歐陽先生，您認為今天下午怎麼樣？明天上午或是明天下午是否更好？」這樣說你就給歐陽先生提供了一個選擇時間的機會，在幾個「可

以」中做出選擇。雖然這種方法並不是萬能的，但總而言之，與其他的辦法相比，還是比較有效的。

4、讓人們對你說「好」

例如：你想將一種新型免縫鈕扣推銷給服裝廠商，當著客戶的面將這種鈕扣現場操作演示給他看，這才是最好的辦法，然後，你可以請他按照你操作的方法試一試。他親身體會到這種鈕扣的優點時，你要不失時機地問他：「怎麼樣？」當他對你的產品說「好」時，那麼，下面的任何問題也就好說了。

期待著別人給予你肯定的回答，這是有信心的表現，但是，進一步說，它又遠遠超過自信，你一定要讓他們知道，你明確地給他們這樣的感覺，那就是想得到他們肯定的問題。

其實，很多人都是「中立者」，是願意被領導的，但只要你讓他們明白事情的重要性，他們就會很堅定地跟著你走下去。

這個心理戰術是很妙的，在最初幾次成功後，日後再用到的時候，就會更輕鬆了。當你想用一句話就說服別人時，最好的辦法就是只讓他選擇，不給他討價還價的餘地。當你掌握這一技巧時，你的說服能力就會大為提高。

善意地批評對方
而獲得信賴感

在一次演出的時候，舞臺上的兩位相聲演員在互相對罵，罵得面紅耳赤，不一會兒雙方就吵了起來。臺下的觀眾以為他們真的吵起來了。但實際上，這全是偽裝的，因為他們二位本來就是十分要好的朋友，所以在雙方同意下而做出如此的表演，即使是在舞臺上互揭瘡疤，對二人的友情也沒有帶來任何影響。

與之類似的情形，在一般朋友的交情或工作中是十分必要的。因為，如果同事間的交情十分密切，辦起事情就會輕鬆、愉快而又順利。我們工作時難免會接觸到不認識的人，這個時候，最困難的就是不知道對方是一個怎麼樣的人。這對工作的進展有很大的影響。此時，你若能以和緩的方式做出不會讓對方認為是在指責的批評，對方很容易就能接受。譬如：「你的心地太善良了，所以時常會吃虧。」雖然說者是意在指其缺點，但是，對方聽起來好像是在誇讚他的優點一樣；或是說「你做事太過於慎重」

等，這些話雖是對初次見面的人說，但對方必定會想「此人雖與我初識，但對我卻觀察如此細緻」，第一道防線自然就被打破了。

讓彼此產生信賴的第一步也需要用這種方法。一般人對他雖多做讚美辭令，但也不過是盡奉承之能事而已，而在這裡，雖然指責了對方的缺點，但卻能讓人由衷的接受，這對彼此工作的進展確實有莫大的幫助。所以，當你要說服某人改正某方面的缺點時，學會用善意的批評進而獲得對方的信賴是非常重要的。

俗話說：「人非聖賢，孰能無過？」但是，怎樣把這個「過」指出，也是一門藝術，批評他人時，一定要講究策略。一時衝動就口無遮攔，是十分愚蠢的做法。我們需要真誠的讚美，但善意的批評也是不可缺少的。

凡是養過寵物的人都知道，撫摸寵物時，最基本的方法就是順著牠的毛輕摸，當主人做出這個動作的時候，貓就會瞇起眼睛，發出輕輕的叫聲；狗就會快樂地搖起尾巴，甚至回過身來舔你的手、你的臉，也是對你的一種回應吧！其實人也是一樣的，喜歡別人順「毛」摸。當然人身上沒有寵物那樣的毛，人的「毛」就是個性、情緒、思想觀念。在批評別人的時候，如果你能順著對方的脾氣，他非但不生怨氣，對你的態度還會很友善。

在批評別人的時候，可能你的言語會過激。那時，你就要靜下心來，把自己的情緒好好地調整一下。別人犯了錯誤固然不

對，你也不要為此而大動肝火，有話就好好地說出來。

對批評別人產生很大作用的是發自內心的誠懇，一位偉人說過：「假如你握緊拳頭來找我，我想我可以告訴你，我會把拳頭握得更緊；但假如你來找我，說：『讓我們坐下來商談一番，假如我們之間有意見不同之處，談談原因何在，癥結在哪裡？』」

某公司幾位老同事反映，晚上住在公司宿舍樓上的年輕同事沒有保持安靜，在樓下的老同事總是睡不好覺。高層主管和這些年輕人閒談時，說了一則有暗示性的笑話。

有一個罹患精神衰弱的老人，稍有響動，就很難入睡。正好樓上住了一個經常上晚班的小伙子。每當小伙子下班回家，雙腳一甩，將鞋子重重地落在地板上，這個老人好不容易才睡著，但是又被驚醒了。

老人提出抗議。當晚小伙子下班回來，習慣地把腳一甩，突然記起老人的話，所以，把第二隻鞋輕輕地脫了下來。第二天一早，老人埋怨小伙子說：「你一次將兩隻鞋甩下，我還可以重新入睡，但是，你只甩下了一隻，害得我等你甩第二隻鞋等了一夜。」笑話說完了，年輕人全都哄堂大笑，悟出了笑話的含意，就把這個毛病改掉了。

真正地幫助別人，批評是不可缺少的，但批評又容易傷到別人的尊嚴，引起他們的反感，我們應該怎樣做才會兩全其美呢？

在這個世界上，受過最多批評的人可以是飛機駕駛員了。他們在進入機艙時，控制臺不斷地糾正他們：飛高了，飛低了，飛左了，飛右了……但是，無論什麼時候，他們都是誠心誠意地接受，沒有絲毫抗拒。為什麼呢？因為他們知道控制臺是為了他們好，是為他們的安全降落著想。

其實，當我們批評對方，且不引起對方反感，最好的辦法就是讓對方覺得我們的批評是為了他好。對於好朋友，為了幫助他，我們常常會大聲的責備，有時甚至會痛罵，但對方絕對不會生氣，就是因為他知道我們這樣做是為了他好，只要讓人感覺到「我對你說這些是為了你好」，就能把對方的抵觸情結消除掉。

小張在某高校上成人教育輔導班時，有一次，一位老師衝進教室，以一種非常兇悍的口吻問道：「是誰的車堵住了車道？」

當小張滿懷歉意地回答：「是我……」並想張嘴解釋時，這位老師吼道：「你馬上給我開走，否則我就把它綁上鐵鏈拖走。」

雖然是小張錯了，車子不應該停在那兒，但小張這位老師的舉止還是令人感到憤怒。如果他換一種友善的態度問：「車道上的車是誰的？」並建議說：「如果把它開走，那別的車就可以進出了。」小張便知道他是為大家好，一定會非常樂意接受的。

注意說服時
自己的表情

　　或許很多人有過這樣的經驗：當你聽某人說話或演說時，並沒有留意他說話的內容，卻對當時的情景留下了深刻的印象。原來，那位演說者取勝的原因並不是演說的內容，而是以說話的神態和所製造的氣氛來吸引觀眾。雖然很多觀眾並沒有深究他說話的內容，但是對他卻有很好的評價。當你要說服他人時，表情佔有很重要的位置。健康的表情往往留給人們深刻的印象，它是優雅風度的重要組成部分。

　　一個善於透過目光和笑容表達美好感情的人，可以讓自己更有魅力，也會給予他人更多的美感。說服他人時，多一些敬重，多一些理解，表情就可以更美，你的交際形象也會更有風度，給人留下更深刻的印象。表情指的是人們的臉部表情，是指頭部（主要是臉部）各部位對於情感體驗的反應動作。它與說話內容的配合最得當，所以，使用頻率比手勢要高很多。

　　達爾文在《人類與動物的表情》書中指出，現代人們的表情動作是祖先遺傳給我們，因而人類的原始表情具有全人類性。這種全人類性的表情，成了當今社交活動中少數能夠超越文化和地域的交際方法之一，所以，要好好地把這一資源加以利用。

　　人們臉部表情的核心是笑和無表情，任何其他臉部表情都發生在笑與無表情兩者間。無表情的臉孔，臉幾乎不動。無表情的臉孔最令人窒息，它將一切感情隱藏起來，叫人不可捉摸，而實際上它往往憤怒或厭惡把拒絕的資訊更露骨地傳達出來。

　　眼睛可以把很多豐富的表情傳達出來，孟子就提出，從人的眼眸中，可推斷人是否誠實。所謂：「胸中正，則眸子瞭焉；胸中不正，則眸子眊焉。」

　　有些西方的研究者認為：「說謊時，瞳孔會擴大，兒童則常常會眨眼睛。」有一些古代的珠寶商，他們還能從顧客眼睛的瞳孔變化中得知他是否對貨物有興趣。其實，眼睛的表情是五官中最重要的。當你說話時，聽者也會用目光來表示他們的反應。所以，你說話時，同時也必須報以回報的目光，以維繫與聽者的感情交流，這是一種巧妙的默契。

　　最常見的是一些對此不重視的人，如果是小範圍的交談，如討論、聚會之時，旁若無人，眼光到處亂掃，有時看天花板，有時看桌上的擺設之類，給人的印象是故意避開他人的視線，這是

一種膽怯、心虛的表現，說話的效果也會減弱很多。

所以，說話時應抬起你的頭，把目光轉向聽者。一般情況下，如果你在整個談話中，只是偶爾才會注意到對方，這是不合適的。因為這表明你有怯場的態度和表情，不但使人感到尷尬，而且別人對你所說的話也會有所懷疑，因為你的表情說明你並沒有自信心。所以，偶爾的注視是不行的，應該是不斷地注視在你目光所及範圍內的聽者，人家才會感到你是在對他們說話。

不過，還有一點需要注意，注視對方要避免目光與目光直接接觸，這是需要練習的。像貓頭鷹似地盯住不放，會造成對方內心的不安，即使你的本意並不是想要注意他，但他不明白這一點，反而會誤解為自己外表有什麼瑕疵。特別對於剛認識的異性朋友，被目擊者看到了，會造成很大的誤會。

當你要說服他人時，切不可用手指人，可以適當地做一些手勢，但幅度不可過大，大驚小怪、過分誇張、失言失態都是不禮貌的，說話時，身體保持自然地站著或坐著，自然地把手放好。必要時用臉部表情配合你的語調，把你的穩重、誠實、文雅充分地顯示出來。這樣的態度別人當然會更容易接受。

在說服別人的過程中，如果只顧著自己滔滔不絕地說著，不管他人的情緒，這時，即使你說的是對的，別人也不會聽進去，為什麼呢？因為你只顧著自己說，似乎有點目中無人的感覺。

指桑罵槐地
批評別人

　　當主管想要責備下屬時，下屬是否會被說服，也需要技巧。譬如，雖然你明明是要責備乙的不是，卻用指桑罵槐的方式來責備甲，因為如果這時你直接責備乙，乙的心裡一定不會好受，對日後的改進不見得就會有效。但是，為什麼還要對甲進行責備呢？因為當時乙也在場，他聽後心裡會想「原來這樣的過錯我也犯過」，所以，你就達到目的了。而此時的乙也絕不會認為：「反正這是別人的錯，事不關己」，反而會因為「原來上司是在說我，但他並不責罵我，反而責罵他人來顧全我的顏面」。為此，他還會對你感激不盡。

　　由於經歷、教育程度、性格特徵、年齡等各方面因素的不同，人們接受批評的承受力和方式有很大的區別，這就要求批評者根據不同批評人的不同特點，用不同的批評方式來對待。兩個不相同的人，對於一樣的批評，會有不同的心理反應，因為不同

的人，性格與修養及對問題的看法往往是有所差異的。

在批評別人的時候，如果不是什麼原則性的錯誤，就盡量不要用直接批評的方式提出對方的錯誤，要委婉一些，讓對方自己有所察覺。

看一個例子：常某是公司的員工，平時工作也很出色，但他總是比別人提前幾分鐘下班，經理也不好直說，怕失去了一個工作出色的員工。所以，經理為此很煩惱，終於有一天，經理想了一個辦法，他把常某叫到他的辦公室裡說：「小常啊，你有沒有發現你的朋友XXX最近的一些不對勁，他平時工作我是很滿意的，也沒有什麼毛病，可是，我觀察到他最近一段時間總是早退，你知不知道這是什麼原因？我之所以不直接找他談是因為我不知道該怎樣對他說，如果他以後還不改的話，我就要對他做一些處分了，這就要看他自己了。」

聰明的人聽了這些話，很容易就能聽出經理的意思，並把自己的錯誤改正過來。

根據人們受到批評時的不同反應，我們把人分為遲鈍型反應者、敏感型反應者、理智型反應者和強個性型反應者。反應遲鈍的人即使受到批評了也不在乎；而那些反應敏感的人，感情脆弱，臉皮薄，愛面子，受到斥責後就覺得不能忍受，他們會臉色蒼白，神智恍惚，甚至從此一蹶不振，意志消沉；任何一個有理

智的人在受到批評時，都會產生很大的震驚，能坦率的認錯，從中汲取教訓；具有較強個性的人，自尊心強，個性突出，「老虎屁股摸不得」，遇到事情容易衝動，心胸狹窄，自我保護意識強，心理承受能力差，明知有錯，也死要面子，受不了當面批評，還不會輕易地把自己的缺點改正過來。

對於不同特點的人，所採用的批評方式是要有所區別的，對於自覺性較高者，應採用啟發式自我批評的方法；對於思想比較敏感的人，要採用暗喻批評法；對於性格耿直的人，採用直接批評法會有更好的效果；對於思想麻痹的人應採取警示批評法。在進行批評時切忌一視同仁，方法單一，照本宣科，應把批評人的方法靈活地掌握住。

批評別人的時候，不可全盤否定，把別人說得一無是處，別人犯了什麼錯誤就應對其錯誤加以批評，使其及時改正，千萬不能一概而論。

把別人的錯誤間接指出，要比直接說出口來得溫和，採用這樣的方法，就不會讓對方產生反感。

有個故事：漢武帝有一個奶媽，她在皇宮裡住幾十年了，還是不願意離開皇宮到外面去生活。起初漢武帝倒沒有攆奶媽走的意思，但隨著奶媽年齡越來越大了，說話開始變得囉囉嗦嗦，還好管閒事。漢武帝對他的奶媽有些厭煩了，一怒之下便責令奶媽

遷出宮去。奶媽無可奈何時找到了漢武帝的貼身紅人東方朔，請東方朔幫她忙說句話。東方朔想了想說：「當您向皇上辭行時，只要回過頭來看皇上兩次，我就有辦法幫您了。」

在她要離開的那一天，奶媽叩別漢武帝，熱淚盈眶，邊走邊回頭看漢武帝。東方朔趁機大聲說：「奶媽，您快走吧！皇上現在已用不著您餵奶了，您還有什麼好擔心的呢？」

漢武帝見奶媽對他依依不捨的樣子，本來心裡就有一些難受，此時聽了東方朔的話，頓時如雷轟頂，不由得回憶起小時候依偎在奶媽胸前吃奶的情景。漢武帝想，奶媽又沒有犯下什麼不可原諒的大錯誤，自己這樣做實在是有些過分了。於是漢武帝立刻收回成命，讓奶媽在宮裡繼續住下去。

現在我們來分析一下上面的例子，東方朔明裡是在勸奶媽不要擔心皇帝，暗裡卻是在批評皇帝忘恩負義。僅僅是東方朔的一句話，就使一言九鼎且心意堅決的漢武帝改變了主意。從這個例子，我們可以看出，在現實生活中，間接批評真的能達到「四兩撥千斤」的效果。

大多數人都難以接受直截了當的批評，特別是當著眾人的面時。但是，人們往往對於間接的批評比較容易接受。因為間接批評會使犯了錯誤的人在改正錯誤時，覺得似乎是自覺行動，而不是在別人的訓斥、督促下被迫進行的。

在我們向別人提出批評的時候，根據人們這一心理特點，可以透過批評在場的他人、不在場的人、虛構的人或者不點名指責某些人做的某些事，甚至透過寓言、對某種動物的指責等，用含蓄的意見把我們的批評、意見向別人表達出來。

還有一點需要注意，採用間接批評的方法，主要在於找到可以作為批評人的替代物。而這個替代物是另一個人時，批評者一定要注意用詞的恰當，做到既要對被批評者有敲山震虎之效，又不要對代人受過者的自尊造成傷害，這是一個很重要的前提。

戰國時期，齊、魏二國長期征戰。有次，齊國想討伐魏國。淳于髡覺得此時伐魏，對齊國很不利，於是極力阻止此次交戰。他對齊威王說：「韓國的黑犬是天下跑得最快的狗了；東郭的狡兔是四海之內最敏捷的兔子了。黑犬追逐狡兔，騰越過五座山，兔子往前跑，狗在後面追，最後跑得筋疲力盡，死在那裡。一個農夫見此情景，不費吹灰之力獨佔其果。如今，齊、魏兩國已經相互征戰了很久，雙方實力相當，使士兵們苦不堪言，人們生活得不到保障。我很擔憂，兩國長期交戰的結果，就會像那隻狗和兔一樣，雙雙死於疲命，而強大的秦國卻坐收農夫之利。」

所以，如果你想用一句話就把對方說服，間接提出他人的錯失，要比直接說出口來得溫和，而且這樣做還不會令對方產生反感，並能達到自己想要的效果。

先避開對方
敏感的問題

每個人都有屬於自己的秘密，都有一些壓在心裡不為人知的事情。在同事之間的閒聊調侃中，哪怕感情再好，也不要把別人的短處說出來，把別人的隱私公諸於世，更不能把它們當作笑柄，這是絕對不可以的。

所以，當你要說服他人時，一定要避開對方敏感的問題。

一個茶館老闆剛結婚兩個月，他的妻子就生了小孩，鄰居們趕來祝賀。老闆的一個要好的朋友吉米也來了。他拿來了自己的禮物——紙和鉛筆，老闆謝過了他，就問他：「吉米先生，給這麼小的孩子贈送紙和筆，不太早了嗎？」

吉米說：「不，您的孩子太性急。本來應該九個月之後才出生，可是他偏偏兩個月就出世了，再過五個月，他肯定會去上學，所以我就把紙和筆準備好了。」吉米的話音剛落，全場轟然

大笑，這時，把茶館老闆夫婦弄得無地自容。

在他人的隱私上調侃是不對的，上例中吉米明顯道出了茶館老闆妻子未婚先孕的隱私，出現這樣的情況，大家當然都很尷尬。因此，調侃時把別人的隱私說出來，有時是處於言者無意，但聽者卻有心。

他會認為你是有意跟他過不去，從此對你產生恨意。他做的事別有用心，極力掩飾不讓人知，如果被你知道了，對你一定會有不利之處。如果你與對方非常熟悉，絕對不能向他表明你絕不洩密，那將會自找麻煩。最好的辦法是若無其事，假裝什麼都不知道。

在我們說服他人的時候，千萬不要闖入別人的「禁區」，說話時要注意，不要涉及別人敏感的話題，如果真的是無意中提到了，那麼就應該立刻停止話題。

「敏感」這個辭彙說的是人體神經系統中靈敏度最高的部位，在生活中運用起來就是「忌諱」。古人為避桃李之嫌，在果園中從來都不整理帽巾，今天的人見了跛子不說「地不平」。就是告訴人們，生活中，要避免引起「麻煩」，特別是在說服他人的時候。生活中，人們對自己生活中的真實感受進行評論，這本來是聊天和互相之間的一種語言「安慰」，把自己的不如意和人生的經歷在交談中得到「釋放」，進而各自心理上就會獲得「平衡」。

　　無論是什麼話題，只要說話的人不注意，就有可能觸及到敏感話題，這敏感給你帶來的「結果」會是意想不到的。

　　世上的任何一個人都不是十全十美的。凡人皆有長處，也難免有短處。人總是有自尊心的，往往不願別人觸及自己的某些缺點、隱私、不愉快事等。所以，在人際關係網中，說話人須講求避諱。如果談話涉及到對方的一些敏感、特殊的事情時，應該站在對方的立場上為別人著想一下。

　　在與別人談話的時候，對方若不願回答的問題不要繼續追問，對方反感的問題要立即道歉。若有人在你面前對某人、某一組織或某一民族發表侮辱性的貶義評論時，你可以簡單地表示「我們不談這個問題吧」，然後再換一個談論的話題；或者強烈地坦誠相告，這種論調令人討厭，你不願意聽到這樣的事。

　　因此，談話時不要議論所在國的政治，尤其較敏感的民族、宗教問題，也不要對長輩、有身分、有地位的人和談話者的親友進行批評、指責。

　　那些不為人知的或不願公開的個人私事，包括個人情感、日記秘密、個人特殊經歷、婚姻狀況、疾病、收入狀況、個人信仰以及投資狀況等等統統都屬於隱私。每一個人都有一些不宜公開的秘密，這是個人的權力，其他人不應該去打聽或窺視。但對於隱私的範圍，每個人的看法都是不同的，一般來說只要那些個人

秘密不對社會、他人構成損害，我們就應該承認它的合理性，就應該對他人的隱私權抱持尊重的態度。只有當我們學會尊重他人的隱私權的時候，別人才有可能尊重我們的隱私。

在與別人談論的時候，談話的內容通常不要涉及疾病、死亡等不愉快的事情，不談一些荒誕離奇、駭人聽聞的事情。通常不詢問婦女的年齡、是否結婚，不直接詢問對方經歷、工資收入、家庭財產、衣飾價格等私人生活方面的問題。與中年女性談話不說婦女身材肥胖、身體壯、保養好等語。

如果遇到別人不願意回答的話題，就不要再繼續追問，不追根究底。對方反感的問題應表示歉意，或立即轉移話題。通常談話不批評長輩、身分高的人員，不議論當事國的內政。不譏笑、諷刺他人。也不要隨便對宗教問題進行談論。

在對別人進行說服的時候，你幾乎快把別人說服了，而在這時，卻無意中冒犯了別人，說了一些對方比較敏感的話題，這時，情況有可能會變得很糟糕，對方會覺得你不尊重他，因此很難達到你所想要的說服效果。

所以，當你想用一句話就把人說服的時候，要有所準備，盡量避開對方敏感的問題，這樣就不會對你的說服有什麼影響了。

一句話把對方說得沒有藉口

　　生活中，我們需要說服很多人，他可能是你的父母、你的上司、你的顧客、你的朋友、你應徵的主考官……有時候，某些人欲在你身上實施犯罪行為的時候，這時候，你更應該臨危不亂，把各種巧妙的技巧加以運用，使他放下「屠刀」，避免造成嚴重的惡果。在生活中，隨時可能遇到要說服別人的情況，如果不掌握技巧，說服就不會有一個令人滿意的結果。

　　也許有些人會這樣認為，說服人只是我說你服的單軌行為。美國也曾盛行過人際關係中的「槍彈理論」：說服人的人是舉槍打靶者，被說服的人就是槍靶，槍舉靶落「砰」的一聲，對方就應該應聲倒下；後來，經過人們的證明，這是一種荒唐的理論。它並不能真正使人口服心也服。那麼，怎樣讓別人接受你的意見，而且還心服口服。那就需要你一句話把對方說得沒有藉口，就達到自己的目的了。

首先，你不能威脅對方。你所說出的觀點要有這樣的感覺：「你曾說過抽煙不好，也勸過我不要抽煙，是嗎？」使對方覺得彷彿不是別人在說服自己，更像是在說服他自己。這樣，被說服者所擔心的「投降」心理解除了，接下來你說什麼他就聽什麼了。

尊重他人人格，說服別人的時候，可多用討論、提問方式，不要涉及人的品格和道德為人，不要揭發別人的隱私，話要說得可以修正。其實也就是那種對事不對人。讓別人把自己的困難之處說出來。急於求成、急功近利是說服者的常見心態，而被說服者的心境和處境卻常被忽略。但是否能體諒被說服人的心境，說服工作成敗的關鍵也就在此了。

不要讓對方產生反感。說服的方法不對，對方會對你產生敵意。這種情況多發生在談話之前對方懷有不滿和厭惡；也可能是你過於急躁逼人認錯的結果。所以，在談話的時候，在內容上首先不要讓對方產生敵意。說服別人的目的是讓對方跟著自己走。自認為理由充足可不行，還要掌握住對方的心理特點，使對方心甘情願聽你的，一切都按照你說的辦。

把別人說得「沒有藉口」看起來缺乏人情味、冷漠殘酷，但是它卻能夠激發一個人的最大潛能，這項任務需要人們盡一切智力和體力去完成。

在第二次世界大戰即將結束的時候，義大利、德國相繼戰敗

投降後，日本仍在太平洋地區頑抗。美國軍方擔心士兵會因德國的投降而幻想戰爭會很快結束，以致鬥志鬆懈，因此想說服士兵相信美日戰爭還會持續一段艱苦、漫長的時間。

為了達到目的，心理學家準備了兩份宣傳資料。他們對部分士兵進行單面宣傳，強調日軍人數多，士氣高，並且控制了不少當地資源，而美國則面臨戰線長、供給困難等不利因素，最後指出，還要堅持兩年的戰爭；對另一部分士兵，他們進行的是雙面宣傳，即除了說明那些不利因素外，也強調盟軍的有利方面，最後同樣告訴士兵們，估計距離最後勝利還需要兩年的時間。

一些心理學家發現，原來那些認為戰爭不會很快結束的士兵，即原來的態度就與宣傳說服者一致的人，單面宣傳更能堅定他對戰爭還得持續較久的信念；而原來以為戰爭就要結束的士兵，雙面宣傳則能有效地改變他的看法，進而更加堅定鬥志。

這個研究給了我們啟示：當聽眾的觀點與宣傳者一致時，運用單面宣傳，盡量闡述自己的觀點，這樣就會有很好的效果；當聽眾對宣傳者的觀點持懷疑和否定的態度時，如果宣傳者從兩方面去分析問題，聽眾的拒絕心理就會有所減弱。這種情況下，宣傳者就能對聽眾產生潛移默化的影響，使他們的態度有所改變。

現在，如果你想讓別人的工作方法改變一些，或者你想讓他接受一種新思想，但碰巧這個人是那種非常固執的人，他很難接

受別人的建議，無論那個建議是多麼的好，他就是認為自己的思想是最有價值的。你怎樣才能使這種人改變原有的思想觀念，按照你的思想方法做事，跟著你的思路走呢？

你可以讓他有這種感覺：讓他認為這種新想法完全是他自己想出來的。你播種，讓他去收割。下面我們就請密蘇里州一家大電子產品製造公司的副經理凱利・瑞安來說：「我發現讓一個人改變他的工作方法或者工作程序的最好方法是讓別人覺得一切都是他自己想出來的。我讓他對這種改變負有全部責任，我表彰他的主觀能動性和預見性，他也相信那全都是他第一個想到的。這樣做，對我們雙方都會有好處的。他會感到自己的工作更重要、更安全，而生產效率也得到提高，這不也正是我們所期望的嗎？但是，我也遇到過不大容易接受這種方法的人。

就拿我們的生產監督員為例吧！上星期五我對他說：『傑克，我認為如果我們把3號切割機搬到那邊去，然後再加兩個電動捲繞站的話，我們的生產速度還能提高。我想聽聽你是怎麼想的。一天後，他來到我的辦公室說：『凱利，這個週末，我有了一個最好的主意，如果我們把3號切割機搬到這裡，然後再加兩個電動捲繞站，我們在組裝線上就能少走不少冤枉路，這樣我們的生產效率能提高百分之五到百分之十。我們不妨試試看。』這種變化也正是我希望他發生的，這種方法要比告訴一個員工去做什麼好得多。人們都不喜歡被人家支配怎樣去做他們的工作。他們

喜歡按照自己的方法做事。這種建議的方法，在很多情況下都能產生很好的效果，會把對方說得沒有任何藉口，而且每次我都如願以償。員工由於提出了新的方法受到嘉獎，這樣，我們雙方都會有幸福的感覺。」

這種方法有一個要求是很特殊的：時間和耐性。要慢慢地去做，切勿急躁。讓那個人花費一定的時間去理解和消化你的思想，讓它一點一點變成他自己的思想。切記：你的工作是播種，讓他去收割，給它生根發芽的機會。當你這樣做了以後，巨大的好處就會等著你。

很多人都這樣認為，用威脅的方法可以增強說服力，而且還不時地加以運用。這是用善意的威脅使對方產生恐懼感，進而達到說服目的的技巧。

一些善於操縱說服技巧的人不是與對方不停地周旋，而是抓住關鍵，一語中破。這一點如果發揮得淋漓盡致，就可以把大事辦成。來看下面的一個例子：

蕭何是漢朝著名丞相，有一次向漢高祖劉邦請求將上林苑中的大片空地讓給老百姓耕種。劉邦一聽蕭丞相居然要縮減自己的園林，不禁勃然大怒，認為蕭何一定是接受了老百姓的大量錢財，才如此維護他們。於是蕭何被捕入獄，同時被審查治罪。當時的法官廷尉為了討好皇上，只要皇上認定某人有罪，廷尉不惜

用大刑使犯人服罪。在這千鈞一髮之際，旁邊的一位姓王的侍衛官上前勸告劉邦說：「陛下是否還記得原來與項羽抗爭以及後來剷除叛軍的時候？那幾年，皇上在外親自帶兵討伐，只有丞相一個人駐守關中，關中的百姓非常擁戴丞相。如果丞相有利己之心的話，那麼關中之地就不是陛下的了。您認為，丞相在可謀大利而不謀的情況下，會把百姓和商人的一點小利看在眼裡嗎？」

這句話雖然簡單，但是卻句句擊中要害。劉邦頗有感觸，終於明白自己的魯莽，對不起丞相的一片誠心，感到非常慚愧。所以，當時就下令把蕭何赦免了。

周勃是漢朝的開國元勳，曾幫助漢室剷除呂后爪牙，迎立漢文帝，有定國安邦的大功。可是當他罷相回到自己的封地後，一些素來忌恨周勃的奸佞小人便趁機向漢文帝誣告周勃圖謀造反。沒想到漢文帝竟然也相信，急忙下令讓廷尉將周勃逮捕下獄，追查治罪。就在周勃大禍臨頭的時候，太后出來勸文帝說：「皇上，周勃謀反的最佳時機是您尚未即位，當時先皇留給你的皇帝玉璽在他手上，並且統帥主力部隊北軍的時候，但是他一心忠於漢室，幫助漢室消滅了企圖篡權的呂氏勢力，把玉璽交給陛下。現在罷相回到自己的小封國裡居住，怎麼會想起謀反呢？」聽了這番話，文帝所有的疑慮都沒了，並立即下令赫免了周勃。一句話把人說服，言語的威力真是太大了！只要你所說的那一句話能夠把對方說得沒有藉口，就會達到說服的效果了。

摧毀對方拒絕心理

　　當你走在街上，遇到小販向你推銷東西時，如果你以一聲「不」而回絕的話，無論哪一個人，都會感到不舒服的，但是不是簡單地說「好的」就可以呢？這當然不是我們的本意。

　　凡說「不」時的表情大多不很自然，相反的如果答應人說「好的」，不僅對方愉快，自己也有舒暢的感覺，而且，這種舒暢的情緒很自然地就能在你的臉部呈現出來。

　　由此可見，說「不」的人與說「好的」的人，在表情上，兩者有很大的差異，這完全是由於心理的感受不同的緣故，但是你若想要將對方不暢快的心理減至最低限度，那麼，利用「引導」的方式就再好不過了。所以，當你要說服他人時，摧毀對方的拒絕心理是非常重要的。

　　對於他人的說服，經常抗拒的人，其潛意識中常存有「不」

這個字眼，對付這種人也絕不可硬碰硬，必須想個引導他的辦法，使他感到不回答「是」是不行的。

現在我們舉一個例子，譬如：「兔子比烏龜跑得快，對不對？」對方答稱：「是。」又問：「有時兔子也會在賽跑的途中睡覺。」答：「是。」「這時烏龜的進度就會比較快，對不對？」答：「是。」「這樣一來，烏龜會比兔子先抵達終點，所以龜比兔跑得快，對不對？」對方也答：「是。」……這時，你就達到自己的目的了。

對於女性來說，面對這種方式顯得最脆弱。所以對很難說服的女性，這種方式是十分有效的。本來對方的反應會是「不」，而我們以漸進的方式，很自然地就把對方引到「是」的地步了，到最後，對於你的意見，對方也會很自然、很樂意答應下來。如果一名汽車推銷員來拜訪你時，「這傢伙又來向我推銷汽車了。」你一定會首先這麼想。

如果這個推銷員是一名優秀且頗具說服力的人，你一定更會認為他向你推銷的不是名牌也必是價格昂貴的汽車。

某先生的一部車子已不敷使用了，於是，這一陣子便有許多推銷員來推銷汽車，對此，他感到不勝其擾，自然造成他重重防禦的心理。只要一有推銷員上門，他就會想：「這些傢伙又來了，我絕不會上他的當。」由於這些人為了推銷他們自己的車，

經常這樣說：「你這部老爺車早已破舊不堪，實在有失你的身分。」或者說：「你已經換過太多的零件，還不如將這些費用購置一部新車更划算。」這樣的說法他已經聽很多了。

這些話真的是太不堪入耳了！所以，只要一見到他們，他心中就產生反感。某日又來了一名中年汽車推銷員，他的直覺告訴他：「這傢伙肯定是來推銷汽車的，我絕不上他的當。」

可是，當推銷員看見他的汽車時，卻說：「你這部車起碼還可用上一年半載的，現在就換車的話，也太可惜了，我看還是過一陣子再說吧！」說著便遞了張名片給他，然後就徑自走開了。

聽到他這樣的說法，這位先生頓時感到自己的整個防禦心理崩潰了。接著，他馬上按照名片給那位仁兄撥了通電話，結果如何，大家可想而知。因為這位推銷員的作法太出乎他的意料，與他之前的期待是違背的，所以，在這種得不到期待的情況下產生的空虛感，他便很自然地投降了。當然此刻這位先生已是十分樂意地向推銷員購買新車，因為他的這句話把對方的拒絕心理完全地瓦解了。

在心理上，每個人都會堅持自己的意見，不願意接受別人的意見，往往認為自己的意見是正確的，即使對自己的意見不太肯定，也不願意接受別人的忠告，所以，想要別人接受你的意見，首先，在心理上要影響對方，讓對方在心理上不會對你產生反

感，先把他的拒絕心理消除掉，讓他覺得你是友好的。拒絕心理是很可怕的，如果你說服的人一旦有了拒絕心理，你就需要千方百計把這種心理消除掉，如果沒有辦法消除掉，那麼，你想要達到的目的根本就不會達成，因為在一開始對方就對你產生了反感，當然不會考慮你的意見。

說服他人時，想要消除對方的拒絕心理，首先，要讓對方覺得你是和他站在「同一戰線」上，讓對方認為你不是他的敵人，而是他的朋友，是真誠地為他著想，是為他好。只有對方把你當作朋友，才會接受你的意見，對方接受了你的意見，你的目的不就達到了嗎？所以，當你要摧毀對方拒絕心理時，要讓對方覺得你是友好的，你是他的一個朋友。

像上面的那個例子一樣，其實那個人的真正目的是把他的車子推銷出去，但是他用了和別人不同的方法，也有不同的結果。那位推銷員不是一味地向顧客說自己的汽車如何如何好，而是「站在對方的立場」上「為對方著想」，告訴那位先生他的汽車還可以用一段時間，可以不必那麼急著換，讓那位先生覺得推銷員是為自己好，而不是只為了把汽車賣出去，把他的拒絕心理摧毀掉，然後再把自己的名片遞上，進而達到了自己的目的。

所以，在說服他人的時候，首先要摧毀對方的拒絕心理，別人就會很容易被你的一句話所說服。

第四章
說服時你該做點什麼

怎麼做才能用一句話把人說服呢？

說服時我們應該做點什麼呢？

想必這是每個人都會遇到的問題。

說服是一門藝術，

想要做一個成功的說服藝術家，

就要懂得誇獎比批評好，

要懂得幽默比嚴肅更能引起人的興趣……

説服時多誇他兩句

得體的誇獎會贏得人心

在西方有一則幽默寓言：有一位天主教教士在做禮拜時，他忽然煙癮大發，便問主教：「在祈禱時，可以抽煙嗎？」

主教聽他這樣一問，立刻對他斥責。過了一會兒，另一位教士也熬不住了，但看到那位教士的後果，心裡也怕遭到同樣的斥責，於是他靈機一動，計上心頭，改用另一種口氣向主教問道：「抽煙時可以祈禱嗎？」

主教竟不以為錯，允許了他的請求。第一位教士不講策略，實話實說，赤裸裸地要求在祈禱時抽煙，這明明是對天主的大不敬，自然遭到主教的呵斥。第二位教士卻懂得謀略，表明他對天主十分虔誠，連抽煙時都在祈禱，自然便得到了許可。現實生活中，在公共場所不宜抽煙，在祈禱時抽煙當然就更應該制止了。

實際上那兩個人要求的目的是一樣的，而第二位教士實話巧說，換一個角度提出要求，自然而然地就達到了目的。在現實生活中這樣的事例經常可以見到。

雖然有「好話一句三冬暖」的說法，但是好話還得「說好」。否則效果就可能不好了，甚至還可能產生反效果。在現實生活中，就常常有好話不「說好」而引起吵架、糾紛，令人不快的事。比如本來目的是為了勸說別人學好，但有些人動不動就板起臉孔訓人，這樣不但收不到應有的效果，還有可能造成對方的叛逆心理，就可能收不到預期的目的了。

因此，我們需要講究怎樣才能把好話「說好」的問題了。

古代齊景公非常喜歡養鷹。有次，一隻老鷹飛走了，齊景公知道了大發雷霆，命令將飼養老鷹的燭鄒推出斬首。他的大臣晏子走上堂前對景公說：「燭鄒，有三大罪狀，哪能這麼輕易就殺掉？等我公佈了罪狀再處理吧！」晏子就對燭鄒說道：「燭鄒，你為大王養鳥，讓鳥飛走，這是第一大罪狀；你使大王為了一隻鳥而殺人，這是第二大罪狀；把你殺了，讓天下知道大王重鳥輕士，這是第三大罪狀。」景公聽後愣了半天，然後才說：「不殺了，我聽懂了你的話。」想一想，假若大臣晏子要是直截了當地說景公重鳥輕士，不惜人命，收到的效果就可能不會這樣好了。

我們可以看出，在說服別人把好話「說好」是要透過內心的

真誠和熱情把道理表達出來，要說出引人深思、發人感悟的話。

誇獎如陽光般溫暖被說服者的心

美國有一句名言：「誇獎如陽光。」一句好話有時能拯救一個人的性命，能淨化一個人的心靈。

有一名男生要拿磚頭砸同學，被他的老師看到了，這位教師立刻上前進行制止，並責令這個男生到他的辦公室裡。等老師來到辦公室，那個男生已經到了。他掏出一塊糖遞給那個男生：「這是獎勵你的，因為你比我早到了。」接著他又掏出一塊糖遞給那個男生：「這也是獎勵你的，因為我不讓你打同學，你馬上就住手了，說明你很尊重我。」這個男生半信半疑地把糖接過來。這個老師接著又說：「據我瞭解，你要打的同學在這之前欺負了女生，說明你很有正義感。」立刻他又掏出第三塊糖獎勵他。這時這個男生哭了：「老師，我錯了，同學再不對，我也不能拿磚頭砸他。」老師又拿出了第四塊糖說：「你已經知錯，再獎勵你一次。我的糖送完了，我們的談話也該結束了。」

自我努力固然是人進步的第一要素，但外界的因素也不容小覷，有一位偉人說過：「鼓勵使人進步，打擊使人落後。」無論是在東方還是西方，由衷的誇獎和鼓勵都被人們看作是人類心靈的甘泉。心理學研究證明，人類共同的心理需要，就是獲得別人的肯定和誇獎。一個人的心理需要一旦得到滿足，就會成為鼓勵

他積極上進的原動力。事實也是這樣，一個人只要獲得信心，就可以發揮超乎平常的能力。相反，如果一個人的努力和成績不能得到應有的肯定，也就是說當「報酬」不存在時，就激不起他努力的興趣了，也就不可能使他爆發出超凡的能力。這是人類心理的一面，也是任何人無法改變的。戰爭年代，許多戰士在艱苦的條件下之所以能克服非人所克服的困難，戰勝無數艱難險阻，創造出一個個奇蹟，靠的就是上級對他完成任務的信心和鼓勵。

巧用好話達到說服的目的

每個人都愛聽奉承話，沒有一個人例外。

據說三國時的關羽為人正直，最受不了別人奉承他，他也最討厭奉承之人。當關羽得知有個人超會說奉承話、憑著三寸不爛之舌吃香喝辣的之後，他就怒氣沖沖地扛著大刀去找那個人，找到那個人之後，滿臉殺氣地說：「聽說你特別會奉承，現在就奉承奉承我吧！」

那個人滿臉堆笑說：「小民會奉承人不假，可是我奉承的盡是些小人。關爺為人正直，天下揚名，有誰不知道您老人家最不愛聽奉承話，最討厭逢迎拍馬的小人，我怎麼敢奉承您呢？」關羽道：「諒你也不敢，我今天要宰了你這個巧嘴的小人！」那個人一聽關羽要殺他，「撲通」一聲跪倒在地說：「小民謝恩！」關羽聽他說要謝恩，頓時感到疑惑，拿起的大刀又放下了，就問

他：「你謝什麼啊？」那個人說：「關爺過五關斬六將，殺的都是天下赫赫有名的將軍。小民這種比狗屎還臭的人，能挨上您一刀，燒高香也求之不得呀！關爺不怕髒了您的寶刀，就快快成全小民吧！」關羽聽完這個人的話之後，沒再說話，「哼」了一聲，轉頭就走了。那個人站起身，指著關羽的背影說：「原來他也愛聽奉承話！」

這裡所說的奉承話也是誇獎說服法的一種體現，但是說奉承話有一點需要注意，就是在說奉承話的時候要坦誠得體，必須說中對方的長處。無論怎樣，人都是喜歡別人奉承的。有時，即使明知對方說的是奉承話，心中還是免不了會沾沾自喜，這是人性的弱點。換句話說，一個人受到別人誇讚，除非對方說得太離譜了，否則是絕不會感到厭惡的。在這個社會上，比較吃香的人，似乎都是那些會說奉承話的人。當一個人聽到別人的奉承話時，心中總是非常高興，臉上堆滿笑容，口裡連說：「哪裡，我沒那麼好。」，「你真是很會說話！」即使事後冷靜地想想，明知對方說的都是奉承話，心中的那份喜悅卻還是抹不去的。因此，說奉承話是與人交際所必備的技巧，奉承話說得得體，會使你更迷人！有一份誠摯的心意及認真的態度，這是奉承別人的首要條件。言辭會反應一個人的心理，因而有口無心，或是輕率的說話態度，很容易被對方識破，進而產生不快的感覺。

再者，在奉承別人時，也不可以說出與事實相差十萬八千里

的話。本來是奉承話，會變成很大的諷刺，收到的效果就是相反的。在奉承別人時要坦誠，這樣，你所說的奉承話，就會超過一般奉承話的階段，成了真正誇讚別人的話，對方聽在耳中，自然他的感受和一般奉承話就不同了。

好話還可以分為兩種，一種是逆耳的忠告，一種是順耳的馬屁話。如果求人成事，就要懂得怎樣去讚美對方；像直言勸諫的魏徵就懂得如何恭維人。

在中國古代難得一見的諫臣魏徵，他對唐太宗一直是直言不諱，曾先後進諫多達兩百餘次，直指陳太宗的過錯。然而，即使像魏徵這等的諍臣，也不見得總是說些會讓太宗生氣且下不了臺的話。他也懂得偶爾說些恭維的話，或用委婉的措詞，以若無其事的態度讓太宗聽得龍心大悅。

魏徵有一回，進宮謁見太宗，深深地低著頭說：「老臣一向為國鞠躬盡瘁，往後當然也會堅守崗位，不負陛下所託。但是請陛下不要把老臣看成是忠臣，就把老臣當作是良臣吧！」太宗於是便問道：「忠臣與良臣，有何不同呢？」

魏徵說：「自然有所不同。所謂良臣，非但其本身可受世人稱讚，而且也可以為君主帶來名君的隆譽。但是，忠臣就不一樣。忠臣非但自己會遭受誅殺的橫禍，而且君主也會背上暴虐無道的罪名，國家也會滅亡，最後也許只留下『曾經有位忠臣』的

名聲流傳後代。由此可見，良臣與忠臣有天淵之別呢！」

太宗聽了魏徵的話大為感動，說：「我知道了。希望你能信守剛才的話，我也會小心謹慎，以免有所失誤。」而且，他還賜給魏徵一份豐厚的獎賞。

「使臣為良臣，勿使臣為忠臣。」這句話非常耐人尋味。即使是以直言不諱聞名的魏徵，有時也要以如此委婉的言辭說自己所得的美名都是多虧有他這樣的名君，如此一來，哪天魏徵又因為直言而讓太宗下不了臺時，便可以「良臣」提醒太宗。他這樣的恭維，運用得非常絕妙。

在生活中我們常常遇到這種窘境——明明很討厭對方，卻又有求於他。但是俗語說得好：「大丈夫能屈能伸。」為了實現目的，只要是不喪失原則，不妨來個小小的妥協，甚至是去恭維對方，取悅他。

總之，在說服別人時不妨在嘴巴上略施一點小技巧，你可以不需要花費太大的力氣，又能解決你的難題，何樂而不為呢？

說服時記得暗示他

　　暗示說服法是指在無對抗情緒和條件下，用含蓄的、不作論證的方式，對他人的態度和觀點發生一些影響，使之自然地接受一定的資訊或按照一定的方式去行動。那些暗示說服的人通常都是教育水準層次較高、思想敏感的人。

　　一位49歲男患者胡某，入院診斷：肝癌末期伴骨轉移，全身疼痛，肌注強痛定止痛，效果不明顯，醫生囑咐肌注生理鹽水兩毫升。一個姓馬的護士問他：「胡先生，好些了嗎？」

　　胡先生：「唉喲，痛死我了，乾脆死了算了。」語氣堅定的馬護士說：「別急，現在醫生要給你打一針效果比較好的藥，以前的患者用過這種藥後，都止了痛，你要相信自己用後也會有這樣的效果。」

　　胡先生順利地接受治療，半小時後，馬護士來到病床前。

馬護士非常的關心：「胡先生，好些了嗎？」

胡先生：「好些了，多謝你們。」

一些護士在說服患者時，要學會運用暗示的積極方面去影響那些患者，使其不正常的生理活動恢復正常，或使患者的護理治療效果達到預期的目的。這也是一種很好的說服技巧，往往一句暗示性的話語就能達到成功說服他人的目的。

暗示性說服更有力量

人是唯一能接受暗示的動物，這是科學家指出的。

人或環境以不明顯的方式向人體發出某種資訊，個體無意中受到住處的影響，並做出相對行動的心理現象，這就是暗示。暗示是一種被主觀意願肯定了的假設，不一定有根據，但由於主觀上已經肯定了它的存在，心理上自然要竭力趨於結果的內容。

在關鍵時刻或危機關頭，採用積極的自我暗示的激勵方法是非常有效的。暗示是用含蓄、間接的方式對人的心理和行為產生影響，進而使人按照一定的方式去行動或接受一定的意見，使他的思想、行為與自己的意願符合。暗示還分為他人暗示、自我暗示、行為暗示、環境暗示、言語暗示等等。從作用上而言，還有積極暗示與消極暗示之分。比如一個孩子上床睡覺前，母親關照他：「玩了一天，當心尿床。」母親果然說中了。這屬於消極的

言語暗示。有個人特別怕下水井的蓋子，害怕會掉下去。後來心理指導者讓他在接近井蓋時用「男子漢區區井蓋何以害怕！」的話語鼓勵自己，然後站在井蓋上說十遍，跳十次，這種緊張結果消失了。這就是積極的自我暗示說服的力量。

自我暗示對人的心理能產生作用，有時甚至還可能會創造奇蹟。二戰前蘇聯有位天才的演員畢甫佐夫，他在平時總是口吃，但是他在演出時克服了這個缺陷。所用的辦法就是利用積極的自我暗示，暗示自己在舞臺上說話和做動作的不是他，完全是劇中另一個人的角色，而這個人是不會口吃的。用這種方法，他成功地說服了自己忘掉那些缺陷，並且給自己帶來了更好的收穫。

一個人在自我暗示的作用下，可以突然變得耳聾眼瞎。這種視力的喪失不是因為視神經受損，僅僅是由於大腦管理視覺的那個區域的機能受到擾亂。病人也可以用暗示的方法治療這種病。

在我們要參加一些活動前或面臨競爭之時，千萬注意不要受到消極的環境暗示、言語暗示和他人的行為暗示，而應該要適當用積極的自我暗示的方法使自己產生勇氣，產生自信，爭取意想不到的效果。

薩克雷是英國作家，他曾說過：「生活是一面鏡子，你對它笑，它就對你笑；你對它哭，它也對你哭。」成功其實也是這樣的，有副對聯是這樣寫的，說你行你就行，不行也行；說不行就

不行，行也不行，讓我們來給這對聯改變一下，那就是「自我激勵」，你認為你行，你就真的行，你認為你不行，那就真的不行。

我們可以舉兩個例子。有個人到醫院就診，他對醫生訴說身體是怎樣的難受，而且身體日漸消瘦，精神日見頹喪，百藥無效，經過醫生的檢查，發現這個人罹患的是「疑病症」。一位心理醫生後來接受了他的求治。那個醫生對他說：「你罹患的是某某綜合症。正巧，目前剛試驗成功一種特效藥，專治你這種病症，注射一支，保證三天康復。」打過針三天之後，那個人果然一身舒坦出院了。其實，所謂的「特效藥」，只不過是十分普通的葡萄糖，醫生說服他語言的暗示作用，才是真正治好他的病的方法。

納粹在二戰時，在一個戰俘身上做了十分殘酷的實驗：將戰俘四肢捆綁，蒙上雙眼，搬動器具，告訴戰俘：現在對你進行抽血！被蒙上雙眼的戰俘只聽到血滴進器皿的答答聲。戰俘哀號一陣之後便氣絕身亡了。其實，納粹並沒有真正抽那個戰俘的血，滴血之聲乃是類似的自來水聲。「抽血」的暗示是導致戰俘死亡的：那個戰俘耳朵聽到血滴之聲，想著血液將流盡時死亡的恐懼，導致腎上腺素急劇分泌，心血管發生障礙，心功能衰竭。

這兩個一正一反的例子，足以證明「暗示」的魔力。

利用對方已有的觀點建立自己的觀點，但是內在的原因並不說破，這就是暗示法。

在明末清初的時候，明朝重臣洪承疇兵敗降清，後來他還帶領清軍南下追擊明朝的殘餘勢力。在到了江南之後，原明朝庶吉士金聲在故鄉安徽舉兵抗清，兵敗被俘，洪承疇想說服他出來為清廷出力。金故意假裝不認識洪承疇，說：「你是誰啊？」洪說：「你忘了嗎？我是你的老朋友洪承疇啊！」金聲板著臉說：「你怎麼可能是他呢？洪承疇是大明的輔弼之臣，是國家的棟梁，他在關外和清軍作戰，以身殉職，我們的崇禎皇帝親自為他設靈祭奠，朝北祭拜，並且他的家裡連兩歲的孩子都得到了皇帝的加封，他是一個大大的忠臣，怎麼會像你這樣當一個可恥的叛徒呢？你不是！」幾句話把洪承疇說得面紅耳赤、張口結舌，再也不好意思提讓金聲出來做官的事。

諸多的事例都證明了一個觀點：暗示性的語言比直接性的語言更能說服人，它往往是抓住對方的弱點，用針對性的言語說到對方的痛處。讓他感覺你說的很有道理，而且很符合他的症狀。因此，他們就會毫不猶豫地去做，而你也就成功地說服了他。

委婉的說服術

「委婉」的說服術是用動聽的言辭，溫和委婉的語氣，平易近人的態度，曲折隱晦的暗示，使對方能夠理解自己、信任自己，進而達到說服的目的。

拉梯哀是法國企業家，有次專程到印度新德里找拉爾將軍談

一樁飛機銷售的大買賣。他到新德里之後，幾次約將軍洽談都沒有如願。最後總算找到拉爾將軍。拉梯哀在電話裡隻字不提飛機合約的事，只是說，「我到加爾各答去，專程以私人名義來拜訪將軍閣下，只要10分鐘就可以了。」拉爾勉勉強強地答應了。

秘書帶著拉梯哀走進將軍辦公室，板著臉囑咐說：「將軍很忙！請勿多佔時間！」他看到這樣心想：太冷漠了，看來生意十之八九會告吹。「您好，拉梯哀先生！」將軍出於禮貌伸出了手，他想三言兩語把這位客人打發走。

「將軍閣下！您好！」拉梯哀表情真摯、坦率地說：「我衷心向您表示謝意，感謝您對敝公司採取如此強硬的態度……」

「……」將軍一時感到莫名其妙。

「因為您使我得到一個十分幸運的機會：在我過生日的這一天，又回到自己的出生地。」

「先生，您出生在印度嗎？」將軍微笑了。

「是的！」拉梯哀打開了話匣子，「1929年3月4日，我出生在貴國名城加爾各答。當時，我的父親是法國歇爾公司駐印度代表。印度人民是好客的，我們全家的生活得到了很好的照顧。」他娓娓談了對童年生活美好的回憶：「在我過3歲生日的時候，鄰居的一位印度老太太送我一件可愛的小玩具，我和印度小朋友一

起乘坐在大象背上，度過了我一生中最幸福的一天……」拉爾將軍被他深深地感動了；立刻提出邀請說：「您能來印度過生日太好了，今天我想請您共進午餐，表示對您生日的祝賀。」

拉梯哀在汽車駛往餐廳途中，打開公事包，取出了一張顏色已經泛黃的照片，雙手捧著。恭恭敬敬地展示在將軍面前：「將軍閣下，您看這個人是誰？」

「這不是聖雄甘地嗎？」

「是呀！您再瞧瞧左邊那個小孩，那就是我。4歲時，我和父母一道回國，途中，十分幸運地和聖雄甘地同乘一艘輪船，這張合影照片就是那次在船上拍的，我父親一直把它珍藏著。這次，我要去拜謁聖雄甘地的陵墓……」

「我非常感謝你對聖雄甘地和印度人民的友好感情。」午餐自然是在親切、融洽的氣氛中進行的。當拉梯哀告別將軍時，他的這宗大買賣已經拍板成交了。

拉梯哀在這次會談中，以十分委婉的語言，動人的回憶，巧妙地與將軍交談著，在融洽、祥和的氣氛中，他說服了將軍，做成了這筆大買賣。它是「委婉說服術」的生動體現，而且由於它易於被人們所接受，因而在商務交易中被廣為採用。

說服時能不生氣 就不生氣

　　寬容說服法就是要以溫和的態度寬以待人，讓說服人盡情發洩情緒，包括發洩對自己的不滿情緒，以和藹的語言、溫和的行動去感動他，說服人會產生強烈的感激和自制心理，易接受自己的勸導和說服。

　　在你和別人發生爭論時，想要使自己的觀點被認可，關鍵就在於你能否把自己的想法不露痕跡地輸入到對方的意識中。這種說服人的技巧需要注意以下幾點內容：

　　1、與人發生爭論時盡可能地保持冷靜。你必須瞭解到：你所希望的並非徹底地擊敗對方，而是要使對方同意你的意見、主張。當你闡明自己的觀點時應該使問題清楚明確，敘述簡單，言詞要簡潔，並且要加上一定的感情色彩。

　　2、對方的錯誤不能直接指出來。美國班傑明‧富蘭克林在自

傳中寫道：我立下一條規矩，絕不正面反對別人的意見，也不讓自己武斷。甚至不准自己在文字表達上或語言上有過分肯定的詞句。絕不用「當然」、「無疑」這類詞，而是用「我想」、「我假設」或「我想像」。當有人向我陳述一件我所不以為然的事情時，我絕不會立刻駁斥他，或指出他的錯誤；我會在回答時，表示在某些條件下，他的意見沒有錯，但目前來看好像稍有不同。我很快就看見了收穫。凡是我參與的談話，氣氛變得融洽多了。我以謙虛的態度表達自己的意見，不但容易被人接受，衝突也減少了。我最初這麼做時，確實感到困難，但時間久了，就養成了習慣。也許50年來，沒有人再聽到我說過太武斷的話。這種習慣，使我提交的新法案能夠得到同胞的重視。儘管我不善於辭令，更談不上雄辯，遣詞用字也很遲鈍，但我的意見還是會得到支持。

3、**機智反駁**。在春秋戰國時期，齊王有一次派大夫晏子出使楚國。楚王仗著自己國勢強大，想趁機侮辱晏子，顯示一下楚國的威風。

當楚王得知晏子身材矮小，在晏子來時，他命令人在城門旁邊開了一個洞，要求晏子從這個洞鑽過去。齊國大夫晏子看了看，然後對接待的人說：「這是個狗洞，不是城門。只有在訪問『狗國』時，才從狗洞進去。我站在這裡等一會兒，你們先去問個明白，楚國到底是個怎樣的國家。」晏子的話立即被守城的人傳給了楚王。楚王只好吩咐大開城門，把晏子從大門迎接進來了。

晏子見到了楚王。楚王看了他一眼，然後冷笑一聲說：「難道齊國沒有人了嗎？」晏子十分嚴肅地回答：「這是什麼話？我國首都臨淄住滿了人，人們如果都把袖子舉起來，就能夠連成一片雲；人們如果都甩一把汗，就能夠下陣雨；街上行人肩膀擦著肩膀，腳尖碰著腳跟。大王怎麼說我們齊國沒有人了呢？」楚王說：「既然有這麼多人，為什麼打發你來呢？」

晏子故意裝作很為難的樣子說：「您這一問，我實在不好回答。如果說謊，怕犯了欺君之罪。如果說了實話，又怕大王生氣。」楚王說：「實話實說，我不生氣。」晏子拱了拱手說：「敝國有個規矩：訪問上等的國家，就派上等的人去；訪問下等的國家就派下等人去。我最不中用，就派到這兒來了。」說罷他故意笑了笑，楚王也只好陪著笑。

晏子在出使楚國期間，有一天，楚王正在設酒席招待他。過了一會兒，有兩個武士押著一個囚犯從堂下走過去。楚王看見了，便問他們：「那個囚犯犯了什麼罪？他是哪裡人？」武士回答說：「犯了竊盜罪，是齊國人。」楚王滿臉笑意地對著晏子說：「齊國人怎麼這樣沒出息，做這種事情？」楚國的大臣們聽了大王的話，都得意洋洋地笑了，因為這樣可以使齊國大夫晏子難堪、丟臉。可是誰知晏子面不改色，對楚王說：「大王怎麼不知道啊？淮南的柑橘又大又甜，可是這種橘樹一種到淮北，就只能結又小又苦的枳，這是因為水土的不同。

　　同樣道理，齊國人在齊國能安居樂業，好好工作，可是一到楚國，就做起盜賊來了，也許是兩國的水土不同吧！」楚王聽了，只好道歉說：「我原來是想取笑大夫，沒想到反倒讓大夫取笑了。」從此以後，楚王對晏子非常尊重。

　　說服就是要用言語把對方說得點頭。而這就要求說服者具備一定的說話技巧，要明白說話也是一門藝術。你如果是成功的說服者，那麼你一定會懂得和氣在說服過程中所產生的作用。

容忍不同的觀點

　　有一位姑娘在美國經濟大蕭條時期，好不容易才找到了一份在高級珠寶店當售貨員的工作。在耶誕節的前一天，店裡來了一個30歲左右的貧民顧客，他著裝破舊，滿臉哀愁，用一種不可企及的目光，盯著那些高級首飾。

　　這個姑娘去接電話時，不小心把一個架子碰翻了，架子裡面六枚精美絕倫的戒指掉到地上。她趕快去撿，但只撿回了5枚，而第6枚戒指怎麼也找不到，這時，她看到那個30歲左右的男子正向門口走去，頓時意識到戒指是被那個男子拿去了。當男子的手將要觸及門把手時，她柔聲叫道：「對不起，先生！」

　　他轉過身來，兩個人相視無言，足足有幾十秒。

　　「什麼事？」那個男子問。

「先生，這是我頭一回工作，現在找個工作很難，想必您也深有體會，是不是？」這個姑娘神色黯然地說。

那個男子久久地審視著她，終於有一絲微笑浮現在他的臉上。他說：「是的，確實如此。但是我能肯定，妳在這裡會做得不錯。我可以為妳祝福嗎？」他向前一步，把手伸向這個姑娘。

「謝謝你的祝福。」姑娘也伸出手，兩隻手緊緊握在一起，姑娘用非常柔和的聲音說：「我也祝你好運！」

那個男子轉過身，走向門口。姑娘目送他的背影消失在門外，轉身走到櫃檯，把手中的第6枚戒指放回到了原處。

我們在說服人時不要強加自己的意願於別人身上，堅持自己的觀點不一定非要以壓倒對方的觀點為前提。建立合作關係的一個基礎就是要能容忍對立的觀點。同一件事情，從不同的角度出發，很可能會有完全相反的立場。比如你設計的一個工作方案，給自己的感覺是非常完美的，然而在批評者的眼中就會有許多的不足之處。在有不同觀點時不要急於反駁，要設身處地地想一下：為什麼別人會與自己的觀點不同？堅持、但不固守原則，有觀點，但不固執。要能夠適當的做出讓步，給對方、也是給自己一個臺階下，這樣反而更容易達成共識，贏得別人的尊重。也就是說，只有你能夠容忍別人的缺點，你才能在此基礎上獲得被說服者認可的效果。而讓被說服者認可，你就已經成功了。

說服時要一步步來

說服別人要持之以恆

　　無論我們做哪一件事情都要有恆心，如果想把一件事做好，我們就應該要有堅持不懈的精神。如果我們沒有堅持不懈的精神，就不可能有今天的進步。這就像我們說服一個人，只要我們具有堅持不懈的精神，我們就會達到成功的彼岸！

　　說服既是一門藝術，說服又是一門技巧。說服對推銷員來說，它主要是用來說服顧客，使顧客贊同自己推銷的產品，是能夠幫助他們解決問題的一種工具或能夠滿足他們的需要。

　　說服力，就是以推銷員對商品的信心去影響顧客。想要買賣成功，說服力是非常重要的。有一位客人如果在買東西時說：「你賣的東西太貴了，別家都以八五折優惠，而你卻不打折，真不通情理。」這時你該怎麼辦呢？如果你以八五折賣，可能就沒有

利潤，做賠本的生意可是不行的；可是如果這時你只說「不能再便宜了」，那麼這個人很有可能就會到別家去買了。

因此，說什麼都要想辦法說服顧客：「這價錢是最低價了，如果再打折，就要賠本，總不能叫我們血本無歸。所以這是合理的價錢，而且還會為你提供最完整的售後服務。」如果要做買賣的話就要這樣，要把自己的立場說清楚，說服別人要具有堅持不懈的精神，盡一切力量去說服他，你就有可能成功地說服他。

羅夫・米契星期一早晨去一家石油公司。石油公司的經理很客氣地與他打招呼，當他知道羅夫・米契的來意之後，很委婉地表示對他們的方案不感興趣。羅夫・米契星期二早晨再度前往。石油公司的經理依然對他很客氣，但更堅定地表示了謝絕，也再度說明他對他們的方案不感興趣。

星期三羅夫・米契又去了。雖然公司的經理面帶笑容，但已很明顯地表示他很不高興。羅夫・米契再次被拒絕了。到了星期四，這位經理已經不再禮貌地和他打招呼了。這次，這位經理非常不客氣地說道：「聽著，年輕人，我已向你說過好幾次，我對這件事不感興趣──清楚了嗎？」

到了星期五早晨，他又去了，這次甚至連秘書都不理睬他了。那位經理出來，滿臉通紅，十分憤怒地對著他大吼：「老天，我要告訴你多少次，才能讓你知道我沒興趣？」

「但是，您一直都沒有給我機會說明我的計畫內容，與這計畫可以給你帶來的益處。」他回答：「假如您對一件事一無所知，怎麼會知道自己感不感興趣呢？我只要求您給我五分鐘的時間說明，否則我會每天都來。」

「你給我滾出去！」那位經理大吼。星期六早晨，他原以為自己又會被攆出去，結果那位經理一見到他，便跑過來和他握手，並且說道：「假如我今天沒有見到你，一定要大失所望的。好，現在到我辦公室來，說說你究竟有什麼好主意？」他告訴經理，他會在五分鐘內把重點說完。結果，他在經理的辦公室待了4個小時，以便回答經理所提出的種種問題。最後，那位經理表示願意試試他的計畫，羅夫‧米契的生意終於成交了。

我們可以由此看出，說服別人不僅是單純依靠語言，還要有頑強的毅力、鍥而不捨的精神、必勝的信心。在企圖說服別人時，我們一定要堅信自己的觀點是正確的，並且要把這種堅定的熱情表現出來。因為你如果對自己的主張都不瞭解、不敢肯定，就不可能說服別人。你如果自己都沒有被自己的主張所激勵，怎麼能夠希望別人因此而受到鼓舞呢？

我們在說服別人的時候也是一樣，一定要具有堅持不懈的精神，方可取勝。一定要懂得在堅持不懈努力的同時，學會步步為營，層層靠近的技巧。做到這一點，你何愁說服不了他們。

說服時要「感情用事」

　　人是感情的動物，所以在情緒不好時，很難做正確的判斷。有時候，只憑自己一時的感情做判斷，決定一件事情，如果這樣就能完事，同時也不麻煩任何人，這也就沒什麼了；但是，在面臨關係重大的問題時，像這樣憑著自己一時行動的判斷，難免叫人擔心。尤其是那些公司的經營者，或者是站在指導立場的人，萬一也陷入這種情況，就更容易造成問題了。

　　以前日本的德川家康有一次出去打獵回來後。他正在洗澡，負責洗澡間專門替將軍沖水的部下，不知道怎麼回事，誤把滾燙的熱水，淋在家康的身上，立刻把家康的皮膚燙紅了。家康十分地憤怒，根本就不理睬嚇得不知所措、正跪地求饒的部下，憤怒地回到自己的房間，立刻把總管家阿部豐後守叫來，並且下令說：「那個替我沖水的人，簡直是混蛋，立即判處他死罪！」豐後守只好聽他的話照辦。

　　以前豐後守會這樣地退下去辦事，可是這次卻退到侍從的房間，向家康的貼身侍從們說：「等將軍的情緒、心情好一點的時候，請通知我一下。」然後他才退下去。家康將軍到了晚上，用過晚餐，他的情緒平靜了一些，心情也好多了。於是，談起這天去打獵的趣事和感想。開始有了笑容，在場的侍從們這時馬上和豐後守說：「將軍的心情好多了，現在看來情緒也很好。」

　　豐後守聽了侍從們的話，立刻會見家康說：「剛才主公曾經指示，處罰那個沖洗澡水的人，在下一時疏忽，沒記清楚是什麼內容，非常抱歉，敢請主公重新指示，究竟如何處置這個人？」對於豐後守的問題，家康將軍並沒有馬上回答，而盯著他，想了一會兒之後才說：「那個人由於不小心，而犯了嚴重的過錯，我看判處他流放外島好了。」豐後守受到家康的指示後，回答一聲：「是，遵辦。」他就退下去了。

　　豐後守一退下，在家康將軍身邊的侍從們，把這件事情當作茶餘飯後的話題說：「最初，我們聽到將軍的指示是『判處他死罪』，連豐後守也的確說過：『是，遵辦』，然後他就下去了。可是他好像忘了，連豐後守也會忘了將軍的指示。」家康將軍聽到了侍從們聊天，然後說：「豐後守怎麼會忘記？在政治上，判處死刑，需要格外慎重，他明知非常地重要，卻故意說他忘了；他實際上是想提醒我重新考慮，收回成命，只是不明說而已；所以我也只好打消了原意，把這個人的罪刑，由死刑改為流放外島之

刑。他考慮得很周到。」而阿部豐後守的聲譽也大為提升。

這是一個態度極慎重的例子。但如果從另一個角度來說，也可以說是，豐後守對將軍家康，做了一種說服。當然，豐後守第一次奉命時，並沒有說「將軍身上被淋了滾燙的熱水，一定是燙得痛苦難堪，可是，還不至於需要將沖水的人判處死刑吧？」這一類說服的話，豐後守即使說了，對於一時衝動的家康，也可能產生不了任何作用，可能最後連他本人也挨罵而已。

管家豐後守對於家康將軍命令要對那個部下判處死刑的這件事，只有回答：「是，遵辦。」可是，奉命是奉命，豐後守並沒有依命「行事」。即使是將軍在感情衝動的時候，也是一樣無法做出正確、妥善的判斷。明知將軍的判斷並不妥善，想指出他的不對，要將軍改過來，這樣反而會使他的火氣更大，像這樣，就不能說服家康將軍了。想要說服一個人，除了要瞭解這個人的人格之外，還包括這個人的情緒、心態等等。只有正確地掌握這些後，才能在妥切的狀態下，進行說服。

就拿豐後守的例子來說，他並沒有做實際的「說服」。這是一種不是說服的說服，他只是選擇適當的時機，重新請示一次，加以確認而已。這個例子，就等於做到了有效的說服。一般認為，說服就是用言語進行說服，其實不一定。實際上雖然這些或許非常困難，但是這一點非常值得我們大家學習。

說服時多說兩句
讓他信任你的話

取信於人

曾子的妻子在一個早晨，準備去市集買些東西。她剛出家門沒多遠，她的兒子就哭喊著從後面追上來，要跟她一起去市集。曾子的妻子認為市集離家很遠人又多，帶著他很不方便。

因此她對兒子說：「你回去在家等著，我買了東西一會兒就回來。你不是愛吃醬汁燒的蹄子、豬腸燉的湯嗎？我回來以後殺了豬做給你吃。」曾子妻子說的這些話倒也靈驗。她兒子一聽，立刻安靜下來，乖乖地望著媽媽一個人遠去。

曾子的妻子從市集回來時，聽見從院子裡傳來豬叫的聲音。她進門一看，原來是她的丈夫正準備殺豬給兒子做好吃的東西。她趕快上前攔住曾子，說道：「家裡只養了這幾隻豬，都是逢年過節時才殺的。你怎麼拿我哄孩子的話當真呢？」

145

曾子說：「在小孩面前是不可以撒謊的。他們年幼無知，平常都從父母那裡學習知識，聽取教誨。我們如果現在說一些欺騙他的話，就等於是教他以後去欺騙別人。雖然做母親的一時能哄得過孩子，但是過後他知道受了騙，就不會再相信媽媽的話。這樣一來，妳就很難再教育好自己的孩子了。」

曾子的妻子覺得他的話很有道理，於是心服口服地殺豬去毛。過了一會兒，曾子的妻子就為兒子做好了一頓豐盛的晚餐。

曾子用他的言行告訴我們，為了做好一件事，哪怕對孩子，也應言而有信，誠實無詐，身教重於言教。對一名說服者來說，你首先必須要在說服人面前建立信任度，這也是說服活動開始的一個重要前提。我們之所以要進行說服活動，通常是因為我們提出了一個新的主張或是一個與大多數人的觀點相左的意見，在這時對於說服人而言，要他們接受你的觀點是一件有風險的事情。

試想一下，如果你對他們沒有什麼信任度可言，他們又怎麼會輕易接受你的觀點呢？在實際工作中，大多數的管理人員常常高估自己在下屬心目中的信任度，他們的這種高估有時還相當過分。管理人員的這種「過度自信」可歸咎於傳統的「職位高就意味著有權威」這個觀點。

信任度事實上是建立在兩個基礎之上的：深厚、紮實的專業知識和良好的人際關係。一個知識淵博、誠實穩重的人往往給人

十分強的可信任感。

因此在你開始說服以前，需要自我反省一下在這兩個方面是否做得很好。如果你覺得你的專業知識還不夠精深，你可以和一些知識豐富的人多做一些交談，從你們的交談中瞭解更多你所要處理的問題的複雜性，你還可以外聘一些專家、顧問幫助你做出某些判斷或是利用外部的資訊資源、商業報刊、雜誌或書籍來支持你的判斷。

你的人際關係如果存在某些缺陷，你一方面要和那些與你有共同目標的同事建立和保持良好的關係，另一方你還要努力與某些關鍵人物進行協商、溝通，徵求他們的意見，而不是急於說出你自己的觀點。

說服時獲得信任度只是一個良好的開端而已，想要使你的主張有很強的說服力，還必須要讓說服人感覺到你與他們有著共同的立場。尋找共同立場的過程就是為了突出所有參與者的利益，你如果不這麼做，他們就不會積極地採納你的計畫或主張，並不會為它們的實現而貢獻自己的力量。當然有時尋找這種立場並不容易，這時一個說服者就必須要調整自己的立場：一個關鍵點就是要充分理解說服人。

一個聰明的參與者是善於聆聽的，他可以透過談話、會議等形式獲取必要的資訊，向說服人提出問題，與知心的朋友重新審

視自己的思路。這些活動對於那些管理人員細緻、全面地思考自己的整個主張、論證是有幫助的，甚至還會使那些管理人員在進行說服之前改變和調整自己的主張，進而設計出一些更有吸引力的說服模式。

對說服者來說，在和對方建立了信任度和確定了共同的立場之後，說服者就可以開始自己的說服工作了。就像我們在寫論說文時必須提出證據與論證觀點一樣，你說服別人時一樣也要提出證據。這些證據還一定要具有強大的感染力，一般的證據是不會產生任何作用的。你不僅需要提供數字證據，還要補充一些例子、事實、類推及隱喻等，進而使得你的論證生動活潑。一些數字證據雖然直接、明確，可是它太抽象、生硬，不會對說服人造成情感上的衝擊，而故事和生動的語言則可以描繪一幅栩栩如生的畫面，會使得你的觀點具有一種真實可信、引人入勝的特點。

當你為自己的主張論證慷慨陳詞時，還要記得一點就是：要和說服人建立感情聯絡。聰明的說服者往往對聽眾的感情狀態有著強烈的感覺，他們會根據聽眾的情況調整自己的聲調。他們經常還會遊說一些對說服人的情緒和期望具有重大影響的關鍵人物。沒有感情的說服是沒有生命力的，當然在說服聽眾時，你一定要使你的熱情程度和他們接受這種資訊的能力匹配，你的熱情如果過高就會讓人以為你沒有理智，你如果沒有熱情又會讓人懷疑你的態度。

說服時先說點自己的缺點

我們在說服別人時要先說出自己的錯誤，承認自己的錯誤，其實這一點也不會損害你的面子。世界上不存在十全十美的人，每個人多少都會有缺點，只有正視它，並努力改正，我們才能朝著完美更近一步。

你在工作中可能會常常遇到這樣的情況：你要將某一項艱巨的工作或任務交付同事或下屬，你明知可能不為對方所接受，甚至還會引起他的不滿，但此事又太重要，實在非他莫屬。

要說服他就非常的困難。當面對這樣的情形時，怎麼辦？唯一的方法是你不妨在進入主題之前先說一句：「現在我要向你交代一項工作，雖然明知你會感到不愉快！我知道讓我自己去做的話，肯定也會有困難……」

你這樣的表達會使對方聽了以後，便不好意思拒絕或不滿

149

了。平常在生活中對說服者來說這就是最好的說服技巧，沒有人會對一個已經做過自我檢討的人再橫加指責，而你的這種「自責」也是謙虛的一種表現。這就是自責所產生的作用。

在一個房子裡坐了幾個人，他們正窮極無聊地批評他人的道德品行。有個坐在紅色沙發上的人，他眉飛色舞地說：「其實，小王的道德品行還算可以，只是我實在受不了他的兩項缺點，一個是容易發怒，另一個則是做事總是冒冒失失的。」其他的人聽見他的這番批評，也都發出贊同的聲音，還附和說：「沒錯，他是這個樣子！」就在這時，他們所說的小王正好從門外經過，聽見眾人都在批評他，忍不住衝了進去，大聲怒吼著：「你說什麼？」

小王接著把那個坐在沙發上的人抓起來，用力揮了一拳。其他的人見狀，紛紛上前阻止：「你為什麼亂打人？」小王氣呼呼地說：「你說，我什麼時候喜歡發怒了？還有，我又什麼時候做事冒失了？你說啊！這傢伙居然在我的背後胡亂批評我，說我做事冒失、喜歡發怒，胡說八道的人當然該打！」

此時，忽然從小王的後面傳來嘲笑聲：「激動誰都有的，我就常常會有激動的情緒。不過我想問問你，你不愛發怒嗎？你做事不冒失嗎？看你現在的舉動，不是剛好證實了這一切嗎？」

就是這種效果，就是這種技巧，只有你設身處地地先為他人

想想，然後從自己的角度出發，最後視情況一步步地說服他。這就是說服的智慧，就是一句話把人說服的體現。特別是當你做錯事的時候，說服別人原諒你是最重要的。

從前，有個智慧大臣請一個理髮師為他修臉。理髮師幫智慧大臣修到一半時，可能是因為他過分緊張，不小心把智慧大臣眉毛給刮掉了。唉呀！不得了了，他暗暗叫苦，一時驚恐萬分，知道如果智慧大臣怪罪下來，一定會有殺頭之罪。

但多年行走於江湖的理髮師，也深知人之普遍心理：盛讚之下怒氣消。理髮師情急生智，猛然地醒悟了！於是趕快停下手裡的剃刀，兩眼故意直愣愣地看著智慧大臣的肚皮，好像要把智慧大臣的五臟六腑看透。

智慧大臣看他這副模樣，一時有點丈二和尚摸不著頭腦。於是滿腹迷惑地問道：「你不修臉，卻光看我的肚皮，這是為什麼呢？」理髮師忙解釋說：「人們常說，智慧大臣肚裡能撐船，我看大人的肚皮並不大，怎能撐船呢？反而我的肚皮這麼大，怎麼卻不能撐船呢？」

智慧大臣聽了理髮師的這番話後哈哈大笑起來：「那是說智慧大臣的氣量最大，對一些小事情都能容忍，從不計較的。」理髮師聽到智慧大臣說的這些話，「撲通」一聲跪在地上，聲淚俱下地說：「小的該死，方才修臉時不小心將您的眉毛刮掉了！相

爺氣量大，請千萬恕罪。」

智慧大臣一聽啼笑皆非：眉毛被刮掉了叫我今後怎麼見人呢？頓時勃然大怒，但正要發作，又冷靜一想：自己剛才說過智慧大臣氣量最大，怎能為這件小事將他治罪呢？

智慧大臣於是便豁達、溫和地說：「無妨，且把筆拿來，把眉毛畫上就是了。」

理髮師藉著自己的機智，對智慧大臣進行一些稱讚之後，然後再說出自己的錯誤，成功地躲過了一場殺身之禍。這就像《塔木德》中所說的那樣：讚美是消解別人怨氣的良藥。每個人其實都有弱點，最聰明的人，是那些在危機面前懂得利用別人的弱點來為自己贏得機會的人。當然這也是說服別人的技巧所在，故事中的那個理髮師就是拿智慧大臣和自己比較，進而讓智慧大臣自然而然地原諒他。

要記住，你在說服別人時，要勇於說出自己的缺點，不要羞羞答答地掩飾，要坦然地面對，要讓別人看見真實的你，也許這樣並不完美，但一定率真、可愛。

說服時偶爾保持沉默

在說服他人的過程中，直接地、毫無表情地說服最沒有力量了。相反，偶爾保持一下沉默，就能產生成功說服他人、快速說服他人的作用。利用沉默引導對方，在說服別人時要讓對方洗耳恭聽自己說話，這是一個非常重要的說話技巧。

對推銷員來說也一樣是非常重要的，推銷員也會成為一名好的指揮家。有人說「優秀的推銷員不怕沉默」，這就是身為著名指揮家能隨心所欲地指揮樂隊時不可缺少的專業水準。

邱永漢先生是聚財之神，就拿他來說吧！他是從臺灣逃亡到日本的。東大畢業後，邱永漢先生也做過很多的生意，而且還寫過一本小說《香港》，並獲得了直木獎。

由於他對投資從來沒有間斷過，所以即使在他獲得直木獎之後，也依然在炒股。因為他認為自己非常適合做這樣的事。

153

出版社聽到了這個消息之後，就請他寫一本《炒股入門》的書。這本書後來成了深受讀者歡迎的暢銷書。邱永漢先生後來被稱為投資之神、聚財之神，現在他繼續從事著原來的職業。這裡說的都是他以前所做的事情。

邱永漢先生無論是在研討會上，還是演講會上，說話的聲音都十分小。因此，如果不仔細聽，連一句話都聽不見。後來那個公司的顧問讓會場的負責人準備麥克風，可是他偏偏遠離麥克風說話。這回大家都知道了，「原來他是故意小聲說話的」。

他的這個方法會使聽眾專心聽他的說話，還是非常有效的。我們就把它稱為「沉默效果」。

一般來說，如果聲音聽不見，就會千方百計要聽清楚，這樣自然也會集中精力去聽。也有拿起麥克風侃侃而談的人，效果反而不好。聽眾的心理與他的希望恰恰相反。

有個人曾經被某一個公司邀請去演講，會場嘰嘰喳喳非常的吵鬧，安靜不下來。在這種時候，可以採取兩種方法。

第一種方法就是向他們大聲地表示問候，然後再開始演講。放大自己的聲音使觀眾安靜，這樣也會有效。

第二種方法便是不說話，保持沉默。當然一定是站在講臺上，但是不說話。這樣用不了一分鐘會場就會漸漸地安靜起來。

這便是沉默的效果。

採用沉默的方法比第一種方法會更有效的。

因為在第一種情況下，雖然講師來了，但觀眾還沒做好心理準備。如果在這時保持沉默，等他們安靜下來，觀眾會想，不能再說話了，現在講師已經準備好了，馬上就要演講了。

在開始演講前，場內人聲嘈雜時，通常都有兩個原因，不是因為這種學習機會比較少，就是因為職員素質不高。正因為這樣，才要採取保持沉默的方法來使他們集中注意力，這是非常重要的，也是一種教育方式。我們應先從這裡學起。

有時沉默才是最棒的話術

愛迪生是美國的大發明家，在他發明了自動發報機之後，他想賣掉這項發明及製造技術然後建造一個實驗室。因為愛迪生不熟悉市場行情，也不知道能賣多少錢，他便與夫人米娜商量。夫人米娜也不知道這項技術究竟值多少錢，她斬釘截鐵地說：「2萬美元吧！你想想看，一個實驗室建造下來，至少要2萬美元。」愛迪生笑道：「2萬美元，太多了吧？」夫人米娜見他一副猶豫不決的樣子，說：「我看可以，要不然，你賣時先套套商人的口氣，讓他先開價再說。」

愛迪生在當時已經是一位小有名氣的發明家了。有一位美國

商人，聽說這件事情後願意買愛迪生的自動發報機製造技術。這位商人在商談時問到價錢。愛迪生因為一直認為2萬美元太高了，便不好意思開口，於是只好沉默不語。

這位商人幾次追問，而愛迪生始終不好意思說出口，愛迪生甚至還想等到他的夫人米娜下班回來之後再說。商人最後終於耐不住氣了，說：「那我先開個價吧！10萬美元，怎麼樣？」

商人出的這個價格十分地出乎他的意料，愛迪生喜出望外，當場不假思索地和商人拍板成交。愛迪生後來對她妻子米娜開玩笑說：「沒想到晚說了一會兒就賺了8萬美元。」

我們當然可以把這件事看作愛迪生成功說服商人的一個例子。在這個無言的說服中，產生關鍵作用、決定性因素的就是沉默。偶爾保持沉默，比你口口聲聲地大聲說要好得多。生活中我們總是不願意在接受別人批評的時候保持沉默，不願讓對方把要說的內容說完。

事實上在我們人生的很多關口，比如要面對一個自我讚揚的環境，面對一個據理力爭的爭論，面對一個強詞奪理的上司等情況下，沉默雖然不會給我們創造像愛迪生那樣的8萬美元，但它同樣會讓我們看到剎那間的前程和退路，偶爾沉默可以給對方和我們自己留有餘地，沉默甚至還可能挽救我們。

第五章

推銷時，說服就是成功

無論我們從事何種行業，想要成功，

就必定要學會做一個超級推銷巨星。

因為說服人的技巧，

是我們「自我創富」的必要條件。

運用創造性的思維和高超的企畫技巧，

才能成為真正的推銷大師。

看寶潔有什麼
說服性的銷售技巧

溝通的目的並不是在於說服對方，而是在於尋找雙方都能夠接受的方法。

說服固然要以正確的思想為前提，但技巧也是極其重要的。前蘇聯教育家加里寧說：「有人會想，說服的內容，從技巧不同的人嘴裡說出，得到的效果是完全不同的。」

中國著名的民族英雄林則徐的父親林賓日，非常重視對孩子們進行說服教育，在有一段時間裡，林賓日發現他的孩子有辦事粗心、性情急躁的毛病，遇到一兩句不合自己心意的話就急躁、易怒。為了教育孩子改掉這個毛病，林賓日把他的子女們都叫到一起，告訴他的子女們一個急性判官因性子急判錯案的故事。

用故事裡的事實說明性急容易出差錯的道理，幫助說服孩子瞭解自己的缺點，林則徐聽了父親的話以後深受啟發，後來他當

了大官，還經常用這個故事來告誡自己不要犯性急的毛病，他不論是到哪裡做官總要在自己書房的牆上掛上親筆書寫的「制怒」橫匾，時時提醒自己，我們從中可以看出，林則徐的父親當年所進行的說服教育對林則徐的影響有多麼的深刻。從中也可以發現，林賓日對說服教育的主要要素把握得恰如其分。

寶潔的說服性銷售技巧

寶潔的說服性推銷技巧能夠幫助推銷員組織自己的思想，並給予能夠產生結果的演示。讓我們仔細地看看它的這五個步驟。

1、**概括情況**：「概括情況」的第一個目的就是能夠保證推銷員瞄準顧客的購買動機。因此，推銷員一定要確定顧客的下列情況：有何需要？有何需求？有何愛好？有何條件？有何限制？有何機會？

這個步驟的第二個目的就是引起與驗證顧客的興趣。向顧客介紹一種能夠為他提供他需要的、需求的、愛好的具體好處。為了保證推銷員能夠瞄準顧客的需要，推銷員一定要考慮顧客目前正面對的條件，比如現金流量、貨架空間與競爭等等。

其次，還要考慮顧客的真正的需求。顧客想要的是銷售、利潤、較高的投資收益呢？還是想要一些其他結果呢？

除此之外，還要讓顧客知道，你已經瞭解到了某些現存的限

制。這些限制可能是在金錢、時間、公司政策、競爭壓力等方面的限制，總之，就是顧客可能利用這些來作為否定你的想法的理由的任何因素，你可以表明已經知道這些限制了，你就可以在銷售演示中加入對顧客可能提出的一些反對意見的回答。

最重要的是，在你概括情況時，要談機會，就是一些新的銷售機會與利潤機會。

要組織適用於顧客的具體訊息，並把這種資訊清楚地說出來，讓顧客容易明白和相信你所說的東西，概括情況的結果，應該讓顧客感到你瞭解他的條件、需求、限制和機會，他還能明確地期待：他如果採用了你的想法就能夠讓他受益。這樣一來，你就能吸引住顧客的全部注意力和興趣，他會繼續聽取你的銷售演示剩餘的內容，並且還能找出辦法來根據你的建議達成協定。

當結束你的概括之後，顧客的態度如果仍不明朗，你就應該設法得到顧客同意：你在概括情況時說到的東西是正確的和真正重要的。當概括情況結束以後，還要提出一些問題，比如：「你這樣認為嗎？」、「這是你真正關心的問題，對嗎？」或「這依然是你的一種疑慮，對嗎？」

想要瞭解顧客的條件、需要、限制和機會，還有幾種不一樣的辦法。比如，你可以透過下述活動來瞭解顧客的需要：事前的一次訪問、一次觀察、一次討論；當前的市場考量。對於很多的

銷售演示來說，概括的情況應該簡短一些。概括的情況品牌組織提供了一個自然的引入。其他的4個步驟中的每一個步驟都應當與情況相連接。

2、在陳述主張時要注意，一定要簡單、清楚、明確，也要滿足需要的機會、建議行動：向顧客講述你的想法，清楚而簡明地告訴該顧客你推銷的是什麼樣的行動。向顧客說清楚你的想法或品牌，能夠滿足他的需要，或許能夠產生你在概括情況時提出的好處，進而讓他瞭解到你要做的事情。在講述你的想法時，要注意簡單、清楚和明確。通常，可以用一兩句話就能容易地把想法說清楚。這種主意的陳述也應該是一種讓顧客採取行動的邀請，這種邀請是透過讓顧客知道，你正在那兒向他推銷東西而表達出來的。

3、解釋主張是如何產生作用的：「解釋主張產生的是怎樣的作用」，它的目的就是表明、告訴、證明、制定你的想法將怎樣產生你在「對情況的概括」中向顧客承諾的好處。

當到了這個時候，顧客如果依然未要求你把更詳細的情況告訴他，那麼，你也沒有必要把你的計畫全部細節向他解釋了。計畫的細節包括：誰做什麼、產品什麼時候送到以及付款方式等。你可以在做出銷售演示以後再與顧客討論這些細節。

4、要強調關鍵的好處，簡要地總結你的想法是如何滿足你在

「對情況的概括」中提到的顧客的重要、需要和機會：「強調關鍵好處」的目的就是提醒顧客，只要顧客同意這個想法，他的業務就能夠獲得明顯的好處，就好像在其他幾個步驟中那樣，好處一定要與在「概括情況」中所描述的需要和機會聯繫起來。

要注意的就是這個步驟稱為「強調關鍵好處」。意味著這裡強調的好處已曾經在「概括情況」和在「解釋主張是如何產生作用中提到過」。

5、建議一個易於實行的下一步就是達成協定：使行動易於開始，建議你可以盡力使行動開始，預先準備必要的後繼資料，要運用一些良好的達成協定的技巧。比如：主動提供一種選擇，在我們品牌之後的促銷活動。你身為最專業銷售代表的聲譽，你有能力在什麼時候和顧客中的關鍵人物接觸。

你有能力衝擊競爭者的業務。說服性推銷是一種非常有力的方法，它的一個關鍵就是向買主顯示，要讓買主或客戶接受公司的產品、展銷和主張，要讓他們從中得到具體的好處。

除非你對每一個顧客都有一定的深刻瞭解，否則就不可能提出一些具體的好處。

先迅速說出來，
再考慮總結

　　高明的說話方法，到底是一種什麼樣的技巧呢？在說服時，如果能夠集中在主題上，對方就會非常容易理解。不要不分青紅皂白一把抓，而是要抓住一個主題說得清楚又明白。

　　有人或許會以為「這太容易了」。但這說起來容易做起來難。尤其是對那些頭腦聰明、反應快的人來說，他們認為就更難了。

　　因為他們的頭腦反應快，所以想說的話題就會從他們的腦海裡源源不斷地冒出來。但由於大腦的反應和語言的表達不能同步，所以，最後對方就會覺得他是在憑直覺說話。聰明的人，他們說的話反而難懂，原因就在這裡。

　　出現這種情況應該怎樣避免，首先應該放棄什麼都想說的想法，要耐住性子，要把自己的主題告訴對方。然後就像所說的一樣，按照起承轉合的順序，一部分一部分地說下去。這樣一來，

即使是所說的話內容分散了，也能做到首尾一貫。然後再用「其次」、「然後」等連接詞連接起來，只有這樣交流才能夠順利地進行下去。

你如果不採取這種處理方法，觀眾就會迷惑不解地問道：「你到底想要說什麼啊？」這樣，得到的效果就會十分糟糕。

永六輔先生是說話技巧天才，他說：「我是先說完再總結的。」永六輔先生不論是在電視上，還是廣播中，或者在其他任何場合，他都是先迅速地說出來，然後再考慮總結的。對一般人來說，都是先考慮好「說話內容上的起承轉合如何如何」，但就在這時，永六輔先生已經說完了「起」這部分，又把「承」這一部分很快說完了，馬上就到「轉」了，不知不覺中就到了「合」這一結尾部分了。因此，永六輔先生的說話結構嚴謹，條理清晰，簡直就是廣播、電視培養出來的天才。

不過，在一般情況下，是不能這樣做的。

說服時通常都是先總結主題，然後再考慮細節。尤其是在做報告或推銷中需要有說服力的時候，這種做法就顯得更重要了。

我們在正式的交流場合，首先應該考慮好「想要說的內容」。先想好主題再說，不然，範圍太大就會雜亂無章。

「糟了！我自己都不知道自己在說什麼了！」，「嗯，然後

呢，然後是……」這樣一來就會在顧客面前進退兩難。所以說，不熟悉這種技巧的人，最好是在還沒有考慮好的情況下就匆匆忙忙地說起來較好。

隱含法，就是先給對方一個表面的結論，在他接受以後就馬上可以說出隱藏在其中的意見。

有一個推銷員在鬧市推銷香煙，這時旁邊有一個人說：「香煙好呀！」這個推銷員很高興，馬上就說：「請您說說香煙為什麼好呀！」那個人說：「抽煙可以不怕狗，抽煙可以防小偷，抽煙可以使人永保青春。」這個推銷員更高興了，對眾人說：「各位，下面請這位先生給大家解釋一下抽煙的三大好處。」

那個人上臺之後，不疾不徐地說：「抽煙的人身體疲弱，過早地彎腰駝背，狗一見到就會認為他是彎腰撿石頭要砸牠，牠就會快速跑開，所以抽煙的人不怕狗。抽煙的人把嗓子和肺都抽壞了，晚上睡覺也咳個不停，所以小偷聽見家裡有人就不敢進來。抽煙的人大多都是短命人，很早就離開這個世界了，所以會『永保青春』。」

也就是說要說服一個人，你必須先把你要說的說出來，然後再考慮結果如何。用先發制人的氣勢取得先機，這樣就會在不知不覺中挫了對方的銳氣。

165

強調說明的問題
要反覆說

對於推銷員來說，他在推銷過程中所說的話，不一定會全部留在顧客的記憶裡，因此你想強調說明的重點最好能反覆說出。這樣做可使顧客加深印象。當然反覆說的同時，我們還應該注意更多的細節，而這些細節都為你成功說服他人做了鋪墊。下面就是在用反覆說服法說服他人時，應該謹記的幾點內容：

1、在辦事時要學會控制自己的情緒

有一位政黨的領袖，在教一位準備參加參議員競選的候選人，如何獲得多數人的選票。這位領袖和那個人約定好了：「如果你違反我教你的規則，你得罰款10美元，第一條規則是：無論別人怎麼罵你、指責你、批評你，你都不能生氣，不論別人說你什麼都得忍受。」

「這個容易，人家批評我，好給我提醒，我不會耿耿於懷。」

「好的。我希望你能記住這個戒條。不過，像你這種笨頭笨腦的人，不知道什麼時候才能記住。」

「什麼！你居然說我……」那個人氣急敗壞地說。

「拿來，10美元！」

「呀，我剛才有破壞你的戒條了嗎？你這個騙……」

「對不起，又是10美元。馬上拿出來，這是你自己答應的，如果你不給我，我就會讓你惡名昭彰的。」那位領袖攤手說道。

「你這隻狡猾的狐狸！」

「10美元，對不起，拿來。」

「呀，又是一次，好了，我以後不再發脾氣了！」

「你總該知道了吧！克制自己並不容易，你隨時都要留心，要時時在意。10美元倒是小事，要是你每發一次脾氣就丟掉一張選票，那損失可就大了。」

透過這則小故事我們可以從中知道，在辦事的過程中，能不能控制來自外界的刺激所產生的情緒，對於辦事的成功與失敗，有著舉足輕重的影響。辦事需要良好的心理素質，你必須要善於控制自己的情緒，以適應不同的辦事人、辦事環境的需要，要做到處變而不驚，遇險而不怒。

2、要耐心與人周旋

在生活中，有一些人臉皮太薄，自尊心太強，經不起別人首次拒絕的打擊。他們只要略一受阻，就會臉紅，感到羞辱、氣惱，不是和別人爭吵鬧翻，就是拂袖而去，不再回頭。看起來這種人很有幾分「你不辦就拉倒」的「骨氣」，其實這是過分脆弱的表現，導致他們只顧面子而不想千方百計達到目的，對事業是沒有好處的。因此，我們在找人辦事時，既要有自尊，又不要抱著自尊不放。為了達到交際目的，有必要增強抵抗挫折的能力，碰個釘子臉不紅氣不喘，不氣不惱，照樣微笑著與人周旋。只要是還有一絲希望就要盡全力去爭取，不達目的絕不罷休。人要有這種頑強的意志才能把事情辦成功。

有一個從事保險的業務員到一家餐廳去拜訪店主，這家餐廳的店主一聽到是保險公司的人，頓時就把笑臉收了起來。「保險這玩意兒，根本沒用。為什麼呢？因為必須等我死了以後才能領錢，這算什麼呢？」

「我不會浪費您太多的時間，您只要給我幾分鐘的時間讓我為您說明就好了！」

「我現在很忙，你的時間如果太多，為什麼不幫我洗洗碗盤呢？」店主原是以開玩笑的口吻戲謔他，誰也沒想到這個年輕的保險員真的脫下西裝外套，捲起袖子開始洗了，老闆娘嚇了一大

跳，大喊：「你用不著來這一套，我們實在不需要保險！所以，無論你怎麼說、怎麼做，我們是絕不會投保的，我看你還是別浪費時間和精力了！」

這個年輕的保險員每天都來洗碗盤，店主仍然告訴他：「你再來幾次也沒有用，你也用不著再洗了，如果你夠聰明，趁早找別人吧！」但是這位年輕又有耐心的保險員仍舊天天來洗，10天、20天、30天過去了，到了第40天，這個討厭保險的店主，終於被這個年輕保險員的耐心感動了，最後答應他投保高額保險，不但如此，而且還替這位有耐心的年輕保險員介紹了不少生意。

3、反覆申請

同樣的意思，反覆強調，不達目的，誓不罷休。在面對頑固的對手時，就是一種有力的武器。宋朝的趙普曾做過太祖、太宗兩朝皇帝的宰相，他同時還是個性格堅韌的人。他在輔佐朝政時，即使自己認定的事情與皇帝意見不同，他也勇於反覆的堅持。有一次趙普向太祖推薦一位官吏，太祖沒有答應。他沒有灰心，第二天臨朝又向太祖提出這項人事任命事項請太祖裁定，太祖還是沒有允許。趙普仍然不死心，在第三天又提出來了。

連續三天接連三次反覆地提，他的同僚也都感到吃驚，趙普為何臉皮這麼厚。太祖這次生氣了，把奏摺當場撕碎扔在地上。但趙普自有他的做法，他默默地把那些撕碎的紙張一一拾起，回

家後再仔細黏好。在第四天上朝時，他話也不說，把黏好的奏摺舉過頭頂立在太祖面前不動。太祖為其所感動，長嘆了一聲，只好准奏。

趙普同時還有類似的故事。有某位官吏按政績已經該晉職，身為宰相的趙普上奏提出，因為太祖平常不喜歡這個人，所以對趙普的奏摺又不予理睬。但趙普出於公心，不計皇上的好惡，前番那種韌性的表現又重複起來。太祖拗他不過，勉強同意了。太祖又問：「若我不同意，這次你會怎樣？」

趙普仍然面不改色：「有過必罰，有功必賞，這是一個不能改變的原則，皇帝不該以自己的好惡而無視這個原則。雖然您貴為天子，也不能用個人感情處理刑罰褒獎的問題。」他說的這些話顯然衝撞了宋太祖，太祖一怒之下拂袖而去。而趙普死命跟在皇帝的後面，到後宮皇帝入寢的門外垂首站著，良久不動，下決心皇帝不出來他就不走。據說後來太祖為此非常地感動。

一樣的內容，一而再，再而三地不斷反覆地向對方說明，進而達到了說服的效果。運用這種說服法，一定要有堅韌的性格才行，內堅外韌，對一度的失敗，絕對不能灰心，要找機會反覆地說明。我們在說服別人時，需要注意的就是運用此種方法要有分寸，如果超過了限度，會傷害了對方的感情，得到反效果。所以要謹慎處理，以不過度為限。

做一個言語果斷
的推銷員

言語果斷指的就是推銷員在說話的過程中要乾淨利落，說話的結尾要做清楚的強勁結束。而要做到這一點就必須要求推銷員充分掌握商品知識及確實的顧客情報。

對一個推銷員來說，想要成功地說服別人買你的東西時，不能缺少的素質就是言語果斷，要以沉著、冷靜的態度面對你的被說服人。對於一個充滿自信的人來說，保持沉著、冷靜是自然而然的，沒有自信便很難表現出尊嚴，其他的人也很難相信你。

你對自己的看法與一個潛在的顧客對你的看法在很大程度上是相互關聯的，因為你隨時都會向對方暗示你對自己的評價。

你如果認為自己是一個粗心的人，你潛在的顧客也會在心目中對你產生這種印象。你在接近一位潛在的顧客時，走路、說話和行動不但要表現出你是一個有自信的人，而且還要表現出你是

一個全盤瞭解自己業務的人。

當家裡有人生病，請來內科醫生的時候，無論是男主人有多麼強的能力，也不論是母親和孩子受過多麼好的教育，除了醫生之外，其他人都應該站在旁邊。他們應該知道醫生才是這種場合的主導者，只有醫生一個人知道應該做什麼，家人都要尊重醫生的意見。

這是一種職業性的特點，當你在接近一個潛在的客戶時，你的行為方式就應該體現出來，表現出充分的自信，那是對你的能力、誠實、正直，以及對你在業務知識方面的自信。單純職業性的自尊就可能幫助你留下美好的印象，並且還可以贏得別人的尊重。至少保證它可以讓你聽到禮貌的言詞，並使你有機會以一種巧妙的方式達到自己的目的。

有一位在各地都有許多圖書代理的出版商，他要求自己的員工在給代理商開門時，應給代理商留下這樣的印象：他們是本公司期望見到並熱烈歡迎的。這位出版商告訴他的員工，如果外面正在下著雨，就要幫代理商脫下雨衣；如果屋外道路泥濘，或者沙塵四起，就要幫代理商擦去鞋子上的汙跡。總之，要表現出期望他們到來的姿態。也就是說，要給對方留下良好的第一印象。

當你在拜訪一個潛在的顧客時，應該表現得就像是一個好消息的遞送者，讓人相信你會為這個家庭帶來好消息。你如果能讓

他們對你推銷的東西產生興趣，這就說明你正在給他們帶來實際的利益。

無論你推銷的是什麼，是書籍還是鋼琴，五金器具還是紡織品等，你的行為方式基本上會決定你推銷東西的多少。有的推銷員在接近潛在的顧客時，他們的表現似乎並不是渴望得到顧客的訂單，而是不希望被顧客踢出去，至少是有禮貌地要求他們走開。

一天，有個人去拜訪一位在商界很有名的成功人士，這時，正好有一個推銷員上門來推銷產品。那名推銷員面帶羞怯，走路非常小心，那神情就像是在向大家表明：「我知道我沒有權利來到這裡打擾您，但是我已經來了，請您賞個臉，因為我覺得您可能不會同意買我的產品。」

「我想今天您可能不會買我的產品，是嗎？」他向這名成功人士問道。

「是的，你改天再來吧！」那位推銷員灰頭土臉地走了出去，好像來到商人的辦公室本身就是一個很大的錯誤。沒有人會喜歡一個推銷員那種自我貶低的態度，畏首畏尾、奉承、抱歉的態度只會讓自己失去尊嚴和自信的。如果推銷員在接近客戶時，表現得就好像是期望被踹上一腳一樣，你的期望可能會得到應驗。它可能以生硬的拒絕，冷落、怠慢，或者禮貌地請你走開的形式出

現，但可以肯定的是，你的行為注定會讓你吃閉門羹的。

你如果去拜訪一個客戶，就要在他面前表現得勇敢、果斷，而不是留給他一個懦弱的印象，因此你要實現的目標就會受到阻礙。即使他拒絕給你訂單，也要迫使他尊重你，讓他因你高貴而剛健的外表而佩服你。

沒有人會願意與一個他打從心裡看不起的人做生意，但是一個人如果能夠給別人留下美好的印象，他至少還可以獲得一個聽取意見的機會。

有人曾經問過一家大公司的代表，是怎樣和那些很少有推銷員能夠接近的人做成那麼多的生意。

他這樣回答：「當我走進客戶辦公室時，我不會躡手躡腳，而是像走進自己的辦公室一樣，也不會做出可能被踢出去或者被拒絕的表情。我會盡可能以最果斷和威嚴的方式，直接走到他面前，因為我深信我一定能夠給他留下良好的印象，這樣他就能夠愉快地記住我，即使是我不能得到他的訂單。

結果，那些很難接近的人常常會把他們拒絕別人的那些業務給我，因為我不害怕接近他們，並且還能夠愉快地說出我想說的話，不需要裝腔作勢、奉承或者道歉。

總而言之就是你的態度、精神狀態以及你的個性，決定你推

銷藝術的高低。你給他人的印象將成為影響你推銷的一個非常重要的因素。」

有個推銷員曾經在和顧客交換名片落座之後，一直把名片拿在手上玩，最後顧客面露慍色要回名片，轉身離去。

良好的行為舉止是推銷員言行一致、表裡如一的反映，也是體現出要尊重顧客。推銷員舉止不當、忽略禮儀，往往會在無形中破壞交談的結果。顧客都是聰明的，他們只向那些值得他們信賴、舉止端正的推銷人員發出訂單。

落落大方的舉止並不是一日形成的，它是需要推銷員在平時多注重個人修養的培養，多累積禮儀知識，甚至還是從不隨地吐痰、不隨手丟垃圾等點滴文明行為做起。據說，還有一些推銷員參加一些專業的禮儀訓練，讓自己的一言一行都能表達出心中的那份真誠。

而這一切的細節問題都為他們走向成功推銷員的寶座奠定了基礎，這些細節問題都在說明身為一名推銷員，言語果斷是多麼地重要。

利用旁邊的人
說服他買你的產品

利用別人來推銷你的東西

當你說一些對自己有利的事情時，人們通常會懷疑你和你所說的話。如果你以另一種方式去說有利於你自己的事情時，就可以大大消除他們的這種懷疑。

你在面談時剛好有顧客的朋友、下屬、同事在場，就是所謂的別人。這一類人的三言兩語通常會對顧客產生影響，而這一類人常發表與顧客相反的意見，如果你是個推銷員，就要善於利用這些人幫助自己說話。

也可以利用其他客戶對產品的見解、意見和讚揚來證明推銷品的優異。不要直接闡述，而是引用他人的話，讓別人來替你說話，即使那些人並不在現場，這就是一種更好的方法。

例如一：

有人如果問你，這產品品質是否合格，你可以這樣回答：「我的鄰居已經用了3、4年，仍然好好的。」

儘管你的鄰居並不在旁邊，但是你的鄰居事實上已經為你有效的回答了這個問題。

例如二：

如果你應徵一家公司的工作，但未來的老闆正猶豫你是否能勝任這個職位，你就可以跟他談談以前老闆對你的工作表現是多麼滿意。

例如三：

你如果正在說服一個人租用你的住宅，而他對周圍環境是否安靜而表示擔心或質疑，你則可以提及上一位租戶對安靜的環境大加讚賞。

在這三個例子裡，你可以不必回答問題，因為你的鄰居、你過去的老闆、你過去的租戶都已經為你回答了他們的這些問題。

這種現象很奇怪，因為通常很少有人懷疑你間接描述的事實的真實性，會認為你是站在他這邊看待和分析問題的。如果你直接說出來，他們就會深表懷疑。因此，在推銷東西時，要透過第

三者的嘴去說話。

在說服別人的時候，如果你能運用一些成功的故事，或引用事實和統計資料來說話，那麼，你的說服能力就會因此而大大的提高。

所謂的李代桃僵法。其實就是替代法，用一種類似的事物來做替代，產生雄辯的效果。

有一次，瑪雅可夫斯基在群眾大會上演講，這時有一個人大聲地說：「下去吧！你這個糟糕的詩人，你的詩既不廣闊也不火熱，而且根本沒有感染力，我一點也不喜歡。」瑪雅可夫斯基並不因此而生氣，而是笑著說：「我的詩既不是大海，也不是火爐，而且也不是鼠疫，所以它不會有你要的那種廣闊、火熱和感染性的。」

所以我們一定要牢記，利用別人之口稱讚你的商品，利用他人來為自己服務，這就是說服別人很重要的技巧之一。

第六章

談判桌上，說服第一

想成為一個成功的談判者，

唯有掌握高明的說服技巧，

才能在變幻莫測的談判過程中，

達到說服的目的。而當你試圖說服他時，

你將同樣也是處於被他說服的位置上，

因此你必將遇到很大的阻力。

克服了所有阻力，你就達到說服對方的目的。

讓專業的說話技巧
替自己打開門

　　談判可以說是以語言為主的一種綜合藝術，大多談判者都希望自己的談判實力不斷增強，但卻不知道從何處做起，因此，要增強你的談判實力，應該先從大範圍的社交說話技巧培養起。對於談判者來說，同樣是向顧客推薦相同的商品或服務，有些人績效很好，有些人卻很差，原因有很多，不可忽略的關鍵之一是：是否運用良好的專業說話技巧，及運用的恰當程度。專業的說話方式可以充分表現一個談判者的專業素養，獲得顧客的信任。

　　對於專業的談判技巧，有以下需要注意的重點：所談判的專業知識表達的專業性與完整性；常使用舉例、舉證，以強化公信力；以肯定的、正面的方式來表述；使用完整句、標準句、有文學氣息的話語及專業術語，使客戶可以獲得充分的資訊，同時肯定你的專業形象、專業涵養及專業能力，比如說使用「行銷商品」的字眼代替「賣東西」。

　　用詞也要有所講究，語調應抑揚頓挫有變化，如果像背誦公文一樣的呆板說詞，是達不到想要的結果的；品格外觀的良好表現，肢體語言的有效配合，說話時都不可忽略；多讚美，顧客及與其有關的一切人、事、物總有其可愛之處，當然，照本宣科也不好，要找到其中值得讚揚的方面，真誠地誇讚，對方才能夠感受到你的真誠。

　　不與客戶爭辯，說贏對方並不意味著談判勝利；多次強調客戶所關心的利益、好處，使其感受強烈，印象深刻；勿用廢字、俗字、粗字。心裡輕鬆，交談才不會變成負擔，所以要輕鬆地商談；引用名人、偉人、權威人士的話語，可強化你的涵養，也能獲得幽默與風趣的效果；針對不同人說不同內容的話，針對男性和女性客人，從內容到方式都不同；掌握傾聽技巧，做個好聽眾有時比做個好的演講者更重要；在商談過程中，對客戶的異議、寶貴意見，如果無法當場回答，就要當面認真地記錄下來，並盡速回覆；重視客戶情緒的變化，不要有引起太多誤會的小動作；說話有情感才能做到有效溝通，沒有情感是不能成為一個高超的談判人員的；你可以自己編一套順口溜、打油詩或歌曲，有創新才能使人印象深刻，這樣還能激發購買欲望；善用「而且」、「然後」等接續語表達出對未來美好的遠景。

　　愛因斯坦說過一段話：成功的公式為S=X+Y+Z，S為成功，X為工作，Y為休息，Z則為不要亂說話，不得體的話要謹慎勿言；

有效的臨機應變，化缺點為優點，例如：老師對兩個同在打盹的學生，其說法不同，對甲說：「你看你多懶，那本書都睡覺了。」對乙說：「你看他多用功，睡著了，手上還拿著書。」還可以使用逆向反面的表達防護式取代一般直言陳述之表達方式，例如：「本公司所生產的食品美味可口，保證吃了還想再吃，若想減肥的人，請勿多買。」

對於一個高明的談判者來說，他會讓專業的說話技巧為自己打開一扇門。一般來說，有以下多種方法：藉聲東擊西法，讓別人慢慢察覺自己的過失。利用「第三者」為目標，做「迂迴側面」的攻擊。

所謂「迂迴側面」的攻擊，就是事先建立共同的攻擊目標，使其成為「第三者」，將大家不滿的攻擊箭頭指向它。由於在一般人的觀念裡，總認為「第三者」所說的話較具客觀性，較為公正。所以，要藉由「第三者」的口吻來表述自己要說的話。為了避免傷害他人，可利用名言、諺語拒絕他人的要求。

可以利用風俗習慣作為有力的證言。盡量縮小犯錯的程度，避免言語帶有過分露骨的攻擊性。先接受他人意見，再委婉表明自己的立場。想要安慰人，可交換立場使自己成為被安慰者。

在「公」嚴正果斷，在「私」親切柔和。公私分明是一個成功的人所必備的態度，也是身為現代人不可或缺的基本精神。所

以，無論遇到什麼事，都必須公私分明，一切井井有條，否則就會雜亂無章。

不小心出醜時，不妨扮成丑角，自娛娛人。當眾出醜雖然不免有些尷尬，但若能巧妙地施點小技，以詼諧談吐活躍氣氛，就可轉尷尬為輕鬆，替自己找解脫的臺階。有求於他人時，要充滿自信，才能說服對方。當我們有求於他人時，為了要使我們所說的話具有說服力，切不可疑懼，應該滿心歡喜地盼望，並充滿自信。對別人的錯誤最好能夠先誇讚後指正。只要義理充足，直率地表達更能說服對方，嚴厲責備時，只要適時、適度，仍然能收到良好的效果。盡量發掘別人的長處加以稱讚。多讚美女性，能縮短彼此間的距離。

無言的舉動比直接的道歉更能傳情達意。對於別人的稱讚，最好坦率地道謝。遇到不講理的人，不妨也機智地耍耍噱頭，但這種高超的手腕並不是一般人所能具有的，倘若我們在日常生活中遇到一些不講道理的人，我們不妨來個「不見，不聽，不說」的三不主義。盡量忍住怒氣，才能大事化小，小事化無。這話說起來容易，做起來卻相當困難。如果想讓他人幫忙，最好先提升對方的榮譽感。如果遲到了，最好先坦率地道歉，再說明原因。對於別人的意見，要坦誠接受，才不會侷限於狹小的範圍。如果一個談判者能熟記以上的談話技巧，可以說對於提高談判實力是大有好處的，它可以為你打開一扇通往勝利的大門。

不能用「虛張聲勢」的手段說服人

　　人們經常說：「眼睛像嘴巴那麼會說話。」這句話不僅指說話的內容，同時也包括說話的聲調。激動時，任何人聲音都會升高，心情不好時，聲音會低沉。流氓在威脅人時，故意把聲音壓低，為的是向對方表示：「在這種情況，我還是很鎮靜的。」

　　常聽人說談判時聲音大的人佔上風，但想說服人的時候，虛張聲勢反而會引起反效果。因為越是大喊大叫，對方聽起來越覺得那是強迫式的，即使明知對方有道理，也很容易引起反感。

　　因此如果想說服別人的話，小聲說話才是上策。對方也比較容易打開心房，另外，小聲說話，對方為了怕聽錯，也會探出身子，洗耳恭聽。

　　張三發生一件很小的事情，但對於談判者來說，頗具有啟發意義：一位濫用權威的員警為了停車超過一小時而給張三開了一

張罰款單。他的態度並不十分明確，於是張三走向他。他正站在十字路口。

「警官，」張三低聲地說，「我打算著手調查這個城鎮裡的停車問題。你可知道從這兒到『一小時停車』標誌有多遠？」

「我猜會變遠吧！」他回答著，並將罰款單拿走了。

低聲說話容易使人信服，因為它能顯示說話人堅定的信心，而且沒有虛張聲勢之嫌疑。

當別人侮辱你，你可以臉紅，但別像個自信的巨人般高視闊步。假使你覺得他想欺騙你，你就把有力的證據藏在後面。你的麻煩越大，你所表現出的力量就要越小。只有儒夫才會既威脅又大叫的。

或許你經常會看到這樣的情況：聲音最大、吵得最凶，往往是有十分害怕的痛點的，選出其痛點為突破口，就可以一舉擊敗對方。有一個稅務人員接到舉報去查封一家漏稅的煙店。當稅務人員一開口詢問有關的情況，老闆就大聲地指責稅務人員偷聽偏信，並大罵同行嫉妒他、誣陷他，彷彿是稅務人員得罪了他，被他數落似的。

但這位稅務人員從他豐富的工作經驗中得知：越是這種人越有問題。於是不與他正面衝突，只平淡地丟下一句：「你先別

吵，過幾天我們帶幾個人來查查再做結論。」煙商聽了此話越想越不通。雖然強作歡顏送客，但客人已明顯看出其痛處。那稅務人員囑咐他住在煙店對面的一位朋友暗中注視他家的動靜，一有情況立即打電話通知他。當天晚上煙商用一輛平板車裝了二十多箱香煙準備轉移，稅務人員及時趕到當場查獲。如果稅務人員和這煙販刀對刀、槍對槍地正面衝突，最終只能落入煙商的團會，既不能完成任務，也不能取締對方。

對於一個談判者來說，成功的關鍵就是在打草時不圖張揚，只說一句，卻產生了真正的嚇阻作用。如果過分嚇唬，對方不但不會害怕，而且會以為你在嚇他、唬他，於是在心理上會對你產生懷疑和防範。

日本東芝公司最初成立的時候，經常遇到產品推銷不出去的現象，這並不是因為東芝公司的產品品質低劣或者價格太高，而是因為公司剛成立，產品的品牌知名度不夠高，並且很少有大客戶的認可。為了擺脫這種局面，東芝公司的推銷員們可以說是跑遍了全日本。終於有一天，一位推銷員告訴董事長士光敏夫：「有一筆生意可能有成功的希望。」因為有家大公司要完成一個專案，這個專案需要質優價廉的電子產品。但是過了沒多久，這位推銷員又報告董事長說：「恐怕這筆生意談不成了，因為這家大公司負責採購的課長好像對我們東芝的產品沒有多大興趣，而且他常常外出。」

　　士光敏夫聽到推銷員的報告之後，決定親自登門拜訪那位採購課長，一是表達自己的合作誠意，二是想弄清楚這家大公司的需求到底是什麼。士光敏夫來到了那位採購課長的辦公室，結果等了很久才見到剛剛外出歸來的課長。當對方得知這位等候已久的人竟然是東芝公司的董事長時，他深受感動，因為公司這次只需要為數不多的電子產品，即使交易成功的話，交易額也不過二、三十萬日元。課長和士光敏夫的洽談就在辦公室中開始了，由於雙方都持有十分積極的談判態度，所以這場生意進行得十分順利。而且這位課長在簽訂協定之後還當場鄭重表示：「以後只要有需要，我會首先考慮東芝公司的產品。」

　　其成功的關鍵就是，士光敏夫用自己誠摯合作的態度，進而使對方的態度也發生了從「對東芝產品不感興趣」到「以後只要有需要就會首先考慮東芝公司的產品」的重大轉變，可見只要客觀條件適宜，談判者本身又願意從態度上做出適度妥協，那麼談判對手的態度就會發生相對的轉變。當然，在實際談判中要使一方改變態度，並非一件容易的事。但是，只要談判者掌握了態度轉變的原理，不虛張聲勢，並在實際工作中多加應用，經過一番努力，絕對有可能使談判對手的態度從消極變為積極、從不合作變為合作。

　　在談判中，的確有一些人愛虛張聲勢，動不動就對另一方進行威脅、恐嚇，這可以稱作是一種強硬型的談判方式。強硬型的

談判對手通常情緒表現得十分激烈，態度強硬，在談判中趾高氣昂，不習慣也沒耐心聽對方的解釋，總是按照自己的思路，認為自己的條件已經夠好的了。

儘管這種一廂情願式的主觀認知非常愚蠢、可笑，但他們仍是樂此不疲。當你遇到這樣的談判對手的時候，你最好做好各種心理準備，以便應付各種尷尬的局面，並且在你要理直氣壯地提出自己理由的時候，一定要有耐心。

強硬型的談判對手總是咄咄逼人，不肯示弱。有的也許會什麼也不說，有的乾脆一口回絕，絕無轉圜的餘地。即使他們有時候口氣不是十分堅決，並申明他們將認真考慮你的建議，但事實上，他們轉身就會把承諾忘光。如果你緊逼不捨，要求兌現，他們肯定會矢口否認，或乾脆對你說：「不。」

這種人之所以這麼「強硬」，一方面可能是他們自身擁有優勢，另一方面則可能是其性格原因造成的。自身擁有優勢者總是待價而沽，囤積居奇，不愁他們的東西賣不出去。特別對於其產品性能優良而又獨佔市場的商家來說，當他們高傲地面對其對手時，這一特點表現得尤其鮮明。

有一些人面對強硬的對手，往往會覺得自己的自尊心受到了傷害，因此，他們不願再與對手發生任何關係，甚至不想再見面。這就勢必會給自己帶來一定的損失，同時也使強硬的對手蒙

受一定的損失。因此，強硬者通常會失去銷售出其產品的機會，而同時又使對方也失去獲得優良產品或技術的機會，這樣只會造成兩敗俱傷的結果。

當然，遇到這種情況，人們也許會譴責強硬者而同情其對手。其實，談判桌上的這種同情絲毫沒有作用，真正產生作用的是「弱者」如何有效地去對付強者。

「弱者」其實並不「弱」，他們也能有一套相對的應付辦法。世界上的任何事都是相互矛盾、相剋相生、互相轉化的，有時也可以化不利為有利。既然雙方能坐在一起進行談判，就必然是能互利互用的，他對你有用，你對他也有用，這種相互關係就給「弱者」提供了一種可能，使其可以充分地利用這種可能對對方組織有目的、有計畫的反擊。

不過，進行反擊之前，最好先瞭解一下對手的情況：他如此強硬的原因是什麼？是否根據上級的指示，或許只是他的一種談判技巧？是否由於談判者個人的性格和作風造成的？只有摸清了這些情況，才能從容地進行有效的反擊。

在談判過程中，每個人都希望對方改變強硬的態度，殊不知，想要使談判雙方之間的問題及早解決，僅有一方的讓步和努力是遠遠不夠的，只有談判雙方都以積極的態度進行談判，雙方的問題才能更加及時、有效地獲得解決。

簡單地說，談判的態度是一個人心理上對其接觸的客觀人所抱持的看法。人們對事物的態度是有差別的，同時態度形成以後持續的時間也比較長久。但態度絕不是一成不變的，它會隨著外界條件的變化而變化，進而形成新的態度。態度的轉變有兩個方面：一個是方向的轉變；另一個是強度的轉變。

例如，對某一事物的態度原先是消極的，後來變得積極，這是方向的變化；原來對某事物猶豫不決，後來變得堅定不移，這就是強度的變化。當然，方向與強度有關，一個極端轉變到另一個極端，既是方向的轉變，又是強度的變化。態度是否轉變，朝哪方面轉變，轉變的強度如何，都受很多因素的影響。當然，想要轉變態度還需要一定的條件。

談判人士的態度是指談判者心理上對其接觸的客觀人所抱持的看法。同樣談判者態度的轉變有方向和強度的轉變之分，談判雙方態度是否轉變，以及轉變的方向和強度，都會受到很多因素的影響，在這些因素中，既包括談判中的種種客觀因素，又包括談判對手的主觀表現。如果客觀因素和主觀表現符合談判者態度發生轉變的條件，那麼談判者的態度就會發生轉變，這又會反過來影響談判對手的態度發生一定程度的轉變。所以說，一個優秀的談判者，絕不會用「虛張聲勢」的方法，而是要用誠懇的態度去說服別人，這樣也更容易達到自己的目的。

如何使對方讓步

　　無論是什麼樣的談判都可以說是對雙方意志的考驗，在建立起抵制壓力的屏障的同時，又要學會向對方施壓，使對方讓步。

　　在談判中，同樣也要學會向對方施壓。具體辦法有：

　　（1）**施加合法的壓力**：談判桌上，如果能提出一些正規的文件，或說明「先例」或「原則」等等，都可以成為有力的武器，用來給對方施壓，而且還可以藉此增加對手對你的尊敬或信任。

　　（2）**以數字巧妙施壓**：數字有一種非凡的力量，如果談判時能夠巧妙地利用，能發揮意想不到的作用，給對手造成不小的壓力。為了說明電視中危害青少年身心健康的節目之多，有專家指出：「根據資料統計顯示，一年級到六年級的青少年，大約有5000多個小時在聽搖滾音樂中度過的，這比他們在校6年度過的全部時間只少200小時。有人做了一項普查，平均每個觀眾一年從電

視節目中可以看到9000個表現性行為的鏡頭；暴力場面更多，一般高中生到畢業時，觀看電視18000小時，相當於他們課堂時間的2倍，在這18000小時中，可以看到16000起謀殺⋯⋯」

這樣的發言很簡練，而且大多是數字，然而，巧妙運用數字遠比發表長篇大論更具有說服力，更容易引起每個家長的深思。

（3）「蠶食」戰略：在不留痕跡的情況下，一步一步地迫使對方放棄他堅守的陣地，獲得最大的利益是最有效的施壓。

眾所周知，德國公司在國際談判中，習慣根據優質高價的原則，按照「完全成本」法報出一個很高的價格，其中包括所有分攤的固定開銷和利潤。這樣的報價一旦提出，想要下調是十分困難的。但有人就利用「蠶食」戰略讓德國公司在談判中屈服。

某人打算修建一家煉鋼廠，當時，政府就這工程實行招標，招標清單中包括一台大型軋鋼機。有位德國製造商派代理人用盡了渾身解數去接近當地政府官員，但在競標之日，他卻驚訝地發現自己並沒有被包括在投標名單中。握有實權的採購官員拒絕接見代理人，也並沒有就此做任何解釋。這給了代理人一個很大的打擊。但不久，在接到英、法、日、美等國競爭者提出的報價之後，採購官員約見了那位代理人，這使得代理人感到非常意外。採購官員將競爭對手的有關報價單給代理人看，並補充說：「如果能提出一個比最低的報價還少5%的報價，就可能得到訂單。」

可以看出，該採購官員是狡猾的。該採購官員既想得到德國貨，又不願意花太多錢。所以，他不讓德國公司有報價的機會，使他們感到有失去這筆鉅額生意的危機，然後再給他們一個報出比其他競爭者更低的價格的機會。

面對這頗具吸引力卻又難做的生意，德國公司的代理人遲遲沒有做決定。隨著工程進度不斷加快，代理人時時受著失去訂單的危險的威脅。他不得不削減自己的營利，使價格降低。最後提交了一份比其他投標者的最低價大約低10%的報價單。

然而，那位採購官員對對方報來的價格依舊不採納。這位代理人的情緒很低落，他感到已經失去了這樁買賣。最後，他又被接見了一次。那位採購官員對於為什麼拖延了這麼長的時間未與之聯繫表示歉意並解釋說，根據國家規定，他必須等到全部的估價單收到之後進行綜合評審才能做出初步決定，而另一個公司的最後一份估價單是在昨天才收到的，很不巧，這張新的報價單比德國公司的報價低2.5%。

這次，如果德方能把價格再降低3%，他們就能搞定這份訂單。當時，國際市場上大型軋鋼機銷路並不好，由於開支太大，許多國家在採購這類設備的計畫上不斷地拖延。既然生意不好做，德國人只好同意把價格再降低3%。

對於德國公司的降價，那位採購官員深表滿意，他絲毫不感

到意外，政府將與德國公司簽訂採購合約，第二天他們討論支付條件，採購官員提出要用一般的分期付款方式，在通貨膨脹率和利率都較高的情況下，實際上這是不利於德國公司的。在這種強壓和德國銀行的幫助下，德國製造商不得不同意採用這種支付條件。在這個條件下，德方同意提供18個月的信貸。

這位採購官員幾乎把德方代理人和公司逼到了極限。在即將簽約的時候，他準備把手中剩下的最後一張小牌打出去。

他訪問了位於柏林的製造商，並會見了該公司有關高層人士，當準備與公司總經理簽約的時候，他問公司是否覺得提供長期信貸在財力上負擔太重了。這時，德方急忙向他表示他們是多麼的慷慨大方，高級職員還為他計算出了他們提供的利息的實際代價。這位採購官員從他的公事包裡拿出那份合約，並表示：「德國公司政府不再需要長期信貸了，不過，假如該公司能以報價單上信貸的現金費用扣除作為額外折扣的話，他還願意讓這一合約得以通過。否則，他擔心日本及美國的公司會趁機……」

採購官員的一句話，雖然沒有獲得他所要求的全部的現金折扣，但是他給對方施加壓力，獲得了他要求的一半數額。這位採購官員充分地使用了他的力量，運用「蠶食」戰略，一步一步的讓對方做出妥協，最終迫使對方服從自己提出的條件。

（4）適當的時候說「不」：在談判的過程中，有時自己的妥

協是為了讓對方讓步，當然，並不是一味的妥協，有些時候則要求我們不得不說「不」！當然，這個「不」字還要運用得恰到好處，對你的談判戰略是有利的，這樣對方才會讓步。談判中，為了維護自己的利益，一定要在適當的時候說「不」。至於怎樣在談判中說「不」，以下方法可以參考：

1、以提問加以拒絕

在一次中美關於某種工業加工機械的貿易談判會上，中方代表面對美方代表高得出奇的報價，巧妙地採用了提問的方法來加以拒絕。中方主談一口氣提出了四個問題：不知貴國生產此類產品的公司一共有幾家？不知貴公司的產品價格高於貴國某某品牌的依據是什麼？不知世界上生產此類產品的公司一共有幾家？不知貴公司的產品價格高於某某品牌（世界名牌）的依據又是什麼？美方代表聽到這些問題感到非常吃驚，他們不便回答也無法回答這些問題，因為他們明白自己報的價格確實是太高了，最後為了給自己找一個臺階下，只好把價格大幅度地降了下來。

2、幽默婉拒法

前蘇聯與挪威曾經就購買挪威鯡魚進行很長一段時間的談判。談判進行了一輪又一輪，代表換了一個又一個，仍然沒有結果。後來，前蘇聯大使柯倫泰贏得了談判的成功，而她使用的就是幽默的拒絕法。

她是這樣對挪威人說的：「好吧！我同意你們提出的價格，如果我國政府不同意這個價格，我願意用自己的薪資來支付差額。但是，這當然要分期付款，或許我要用一輩子的薪資來支付。」對於挪威的紳士們來說，他們從來沒有遇到過這麼高明的談判對手，堂堂紳士能把女士逼到這種地步嗎？因此，在忍不住一笑之後，就一致同意將鯡魚的價格降到最低標準。而柯倫泰用幽默的手段完成了她的前任代表歷盡艱難也沒完成的談判結果。

3、提出不可能的條件

談判中，如果直接地說「不」，勢必會使雙方的關係惡化，甚至帶來對你的攻擊。如果在對對方說「不」之前，先要求對方滿足你的一個條件：如果對方能滿足（事實上是無法滿足的），則你可以滿足對方的需求；如果對方不能滿足，那麼你也無法滿足對方的要求。這種說「不」的方式可以巧妙地拒絕做出自己無法兌現的承諾，又不會失信於對方，還不會使彼此的關係發生惡化。

4、留有轉圜的餘地

在談判中說「不」並不意味著宣佈談判破裂。說「不」只是否定對方的進一步要求，蘊含對以前的報價或已承諾的讓步的肯定。談判中說「不」通常不是全面的，相反，大多數「不」是單一的、有針對性的，所以說「不」時，要留有餘地。對於一個談判者來說，想要使對方讓步，就要掌握住高明的說話技巧。

使對方獲得快樂

在談判中，盡量用語言把對方說得很高興，最後，你才笑得出聲來。卡內基認為在各式各樣的談判中，常有一些不利因素。如雙方交談時，對方怨天尤人，埋怨產品不好，希望能換一個種類，或對服務不滿，表示強烈異議等等。要消除這些不利因素需要有耐心，要心平氣和，並且要講究策略。

就像聰明的老富蘭克林常說的：「如果你辯論、反駁，或許你會得到勝利，可是那樣的勝利是短暫、空虛的……你永遠得不到對方給你的好感。」

你不妨為自己做出這樣的衡量：你想得到的是空虛的勝利，還是人們賦予你的好感？對於大部分人來說，都想同時得到這兩種結果，但這兩件事很少能同時得到的。

波士頓一本雜誌上，有次刊登了一首含義很深，而且有趣的

詩：「這裡躺著威廉姆的身體，他死時認為自己是對的，死得其所，但他的死就像他的錯誤一樣。」你在進行辯論時，或許你是對的，可是你要改變一個人的意志時，即使是你對了，也跟不對一樣。

威爾遜總統任內財政總長瑪度，由從事多年政治經驗中得到一個教訓，他說：「我們絕不可能用辯論使一個無知的人心服口服，只有讓對方獲得快樂，他才會心服口服。」

瑪度先生說得太溫和了。談判中，不只是無知的人，任何人你都別想用辯論改變他的意志。

有一個例子：所得稅的顧問派遜，與政府一位稅收稽查員談判。他們為了一筆九千元的帳目發生問題，爭論了一個小時。派遜指出這是一筆永遠無法收回的呆帳，所以不應該課徵人家的所得稅。那稽查員反對的說：「呆帳？即使是呆帳，我認為繳稅是必須的。」

在講習班上，派遜說：「跟這種冷厲、傲慢、固執的稽查員講理是說不通的，那等於是說了一堆廢話……跟他爭辯越久，他越是固執，所以我決定避免跟他爭論，換個話題，讚賞他幾句。我是這樣說的：『這問題對你來說，是一件非常小的事情，由於你處理過很多這類的問題……我雖然研究過稅務，但都是從書上得來的知識，而你所知道的都是從實際經驗中得來的。我羨慕你

有這個職位，我和你在一起，讓我受益匪淺。』我跟他說的句句都是實在話。那稽查員在座椅上挺了挺腰，開始談他的工作經驗，說了很多他所發現的舞弊案件。他的語氣漸漸平和下來，接著又說到他孩子身上。臨走的時候，他對我說，回去後再把這問題考慮一下，過幾天給我答覆。三天後，他又來見我，他說那筆稅按照稅目辦理，決定不徵收了。」

對於這位稽查員，顯露出一種最常見到的人性弱點，他需要的是一種自重感。

派遜跟他爭辯，他就會伸展他該有的權威，來獲得他企求的自重感。如果有人承認了他的重要性，讓他獲得快樂，自然爭論也就停止了。由於他的「自我」已伸展擴大，就變成一個和善、有同情心的人了。

拿破崙家裡的管家，常常跟約瑟芬打台球遊戲。在他寫的《拿破崙私生活回憶錄》中，曾寫下這麼一節：「我知道自己球藝不錯，不過我總設法讓約瑟芬勝過我，這樣會使她很高興。」在談判中，第一項規則是：獲得最大利益的唯一方法就是避免辯論，讓對方獲得快樂。

邁特是美國一家公司的汽車推銷員，他對各種汽車的性能和特點瞭若指掌。本來，這對他推銷是非常有幫助的，但遺憾的是他非常喜歡與人爭辯。當客戶過於挑剔時，他總會與顧客進行一

番舌戰，而且常常令顧客啞口無言，事後他還非常得意地說：「我令這些傢伙大敗而歸。」可是經理批評他說：「在舌戰中你越勝利你就越失職，因為你得罪了顧客，所以你什麼也賣不出去。」後來，邁特體會到了這個道理，開始謙虛多了。

有一次，他去推銷懷特牌汽車，一位顧客傲慢地說：「什麼，懷特？我喜歡的是胡雪牌汽車。你送我我都不要！」邁特聽了，微微一笑：「你說得不錯，胡雪牌汽車的確很好，該廠設備精良，技術也很棒。既然你是位行家，那我們改天來討論懷特牌汽車怎麼樣？希望先生能多多指教。」兩個人就這樣開始了海闊天空式的討論。

邁特也藉這個機會大力宣揚了一番懷特牌汽車的優點，終於做成了一筆生意。後來，邁特成為美國著名的推銷員之一。

為什麼邁特以前爭強好勝卻遭到批評，而後來不再與顧客爭辯反而成了模範推銷員？這是因為他掌握了一項重要原則，那就是：交易中不宜爭辯。

對於一個談判者來說，應該講究信譽，進行商品交易時，對買方的意見與抱怨應分清是非。有的人為了維護面子，絕不容忍顧客對自己的商品進行挑剔，如果顧客的意見稍微偏離事實，他們就會奮起反擊，使買方啞口無言。其實這是一種錯誤的觀念。一個人的信譽不但來自於商品的品質優良、款式新穎、價格適

宜、功效實用，而且來自於科學、嚴格的管理，來自於較好的經濟效益和熱情謙遜的服務態度。

而一個人的面子是靠為顧客提供熱情周到的服務來建立和維護的。這種熱情周到的服務必須基於一種認知和宗旨：「顧客是上帝」，「顧客至上」。如果意識到這一點，那麼，就應當寬宏大量地對待顧客的意見與抱怨，站在顧客的角度真誠地理解與歡迎顧客的異議，認真地分析和處理顧客的意見和建議，使顧客在與自己達成協定時保持愉快的心情，獲得相對的快樂。

對於一個談判者來說，要全面正確地理解「顧客是上帝」這一觀點，並對顧客的意見做出正確的認知與處理，就必須科學地分析顧客異議的根源和類型，其中既有客戶方面的原因，又有推銷方面的原因。

商品交易的過程中，矛盾與衝突的情況是不可避免的。對方提出抱怨，而談判者也怒目相向。有時確實是對方吹毛求疵，如果談判者也脾氣暴躁、心胸狹窄，勢必影響雙方的交易。聰明的談判者往往善於給顧客一個「臺階」，讓對方恢復心理平衡，這樣既能贏得顧客，也平息了雙方的矛盾與衝突，使對方在購買自己的產品時具有快樂的心情。

如何說得
對方有點害怕

大多數的人都無法忍受恐懼，戰勝怯意。這便是恐嚇得以奏效的心理基礎。恐嚇多用於在較量的開端處，為自己建立心理優勢，另外也可打草驚蛇，引出對手的弱點。

對於一個談判者來說，想要讓對方感到害怕，就必須千方百計比常人多長幾個膽子，比對手更為氣勢洶洶。以對陣為例，有幾個辦法可以使人更容易產生勇氣：找出蔑視對手的理由；大聲說話，造出聲勢；以眼光作劍逼迫對手；身體擺出必勝的架勢；背光站立。談判中，說得對方感到害怕，有以下常見的戰術：

一、善於運用法律這把「尚方寶劍」來壓人，這也是當代法治社會中不同於以往的重要方法。

二、在捧場、恭維中夾雜「恐」字常常奏效，有時候還是非這樣不可。

三、先發制人，先下手為強，努力創造先機而致勝。

四、以低調使自己更顯出堅定，這是非常圓熟的方法。

五、以無言對惡語，用寂靜生恐懼，對對手不理不睬。這是最為上乘的恐嚇。另外需強調的是：恐嚇對方是很難駕馭的技術，不知對手深淺極容易弄巧成拙，所以風險很大。

先出聲，可奪人

有一次，美國洛杉磯的華裔商人陳東在香港繁榮集團購買了一批景泰藍，聲明一半付現金，一半付一個月期票。到了交易那天，陳東卻沒有親自出面，而是派兒子陳小東。一個月後，期票到期了，銀行卻退了票，經過幾次聯繫，陳東一推再推，甚至不接電話。繁榮集團這時才知道中了圈套。

集團老闆陳玉書說：「除非他永遠躲在美國，不再來香港做生意，否則，我一定會讓他把錢通通交出來的。」陳玉書廣佈眼線，終於有一天，陳東來香港了。陳玉書馬上派人和他聯繫，並以鳥獸景泰藍優惠售價為誘耳，將陳東「請」到公司。陳玉書大腳一踹，房門大開，大喝一聲：「陳東，你上當了！」陳東這時臉色大變，彷彿吳牛喘月，但立在對面。

「既然你人來了，就讓我處置你吧！」陳玉書伸出手掌問他：「我的錢呢？」「我沒欠你的錢，是我兒子欠的。」「不是你在電話

裡答應，我絕不會讓你兒子來取貨。」「兒子欠債，要父親還錢，這不符合美國法律！」「這裡是香港！今天，你要是能從這個門走出去，我就不姓陳！」「我們這些人是講道理的，對不講理的人我們總有辦法處理。你知道我是什麼人？」不等他把話說完，陳玉書大聲說：「我從小在印尼就是一個流氓！」

有句俗話說：「軟的怕硬的，硬的怕橫的，橫的怕不要命的。」這時，陳東直冒冷汗，用手摸摸胸口，又急忙掏藥，看樣子是心臟有點不好。陳玉書對陳東說：「我們是講人道主義的，我今天只是讓你還錢，否則你別想走出這個門。」陳東知道抵賴是無用的，也施不上詭計了，只得乖乖地打電話給一個珠寶商人，請他開支票，估計他在那兒存了錢。

在恐嚇時，陳玉書先發制人，佔據了心理優勢，在對壘中取得先機，因此順利獲勝。俗語說：「先下手為強。」就是這個道理。大部分人當聽說要與強敵對陣時，心裡就會產生恐慌，或者一見面就想臨陣脫逃，其實，這種做法等於是自甘失敗。如果你能先發制人，就會減輕這種心理壓力。

無聲的說服更能震懾對方

想要一句話把人說服，並不單單是用嘴把人說服，有時無聲勝有聲。常看恐怖片的朋友，一定會有這樣的體驗：最令人毛骨悚然的場景，往往是那些落一根針都能聽見的寂靜無聲。對於談

判者來說，這個道理在恐嚇中也頗為靈驗。

對某些來勢洶洶的人，如果你不動聲色，就會產生比以硬碰硬更大的震懾力量，也就是說沉默成為最為強硬的武器。

一個工人的一位農村親戚帶了八隻母雞給他，為了讓這八隻母雞下蛋，就在圍牆的角落上圍了個雞圈。廠長請人勸其處理母雞、拆除雞圈。因為他沒有執行命令，廠長就派人強行抓雞拆圈。於是這位工人大鬧廠長室，廠長則專注地看一份文件，頭一直就沒有抬起來。待這位工人一陣怒火過後，廠長拉開辦公桌抽屜，拿出一份處理這件事的公文給這位工人，並告訴他以後再發生類似事件就勒令其搬出廠區去住，說完就拂袖而去廠房了。此時，那位工人的氣焰全熄了，低著頭回去了。這位廠長就是憑藉無言無聲的力量佔據了心理優勢，使對方不戰自敗。

有些商人不惜重金購買豪華家具暗示自己的實力，老練者更會言談低調，就更令人莫測高深，敬畏有加。這正是低聲及無聲所產生的震懾合力的作用。軍事上的空城計就是以寂靜製造恐懼而得以成功的，雖然這並不是在說談判，但是身為一個談判者，你可以從這則故事得到啟發，以便在以後的談判中學以致用。

三國魏將夏侯淵在定軍山兵敗後，曹操親自率軍去爭奪漢中的地方。劉備手下將領趙雲隨黃忠去奪取曹操的軍糧，正好碰上曹操大軍開出軍營。趙雲正和曹操前鋒交戰，曹操大軍隨後便迎

了上來。趙雲一看形勢危急，就抽鞭策馬，向前衝擊曹軍陣地，奮力廝殺起來，且邊戰邊退。趙雲所向披靡戰無不勝，曹軍被打得人仰馬翻，落花流水，趙雲打退了敵人，正要抽身回營，見部將張良不幸受傷，便又騎馬護送張良回到自己的營地。

這時，被打得人馬四散的曹軍又漸漸合攏，追了上來，一直追到趙雲的營地，這天，酒陽縣令張翼正好也在趙雲帳內，看到這種情況，膽戰心驚，想要關閉營門堅守。趙雲卻下令部下大開營門，放倒旗幟，停止擂鼓，頓時如同空營，寂靜無聲。曹操在趙雲營前觀望許久，懷疑趙雲營中有伏兵，徘徊了一陣後，便下令撤退。

曹軍剛一轉身，趙雲便命令士兵把鼓敲得震天作響，只用弓箭在後面射殺曹軍，頓時，鼓聲嗚嗚，利箭咬咬，曹軍以為真有伏兵從營中殺了出來，亂成一片，四散逃竄，自相踐踏而死傷不少，跌入漢水淹死的也很多，就這樣，曹軍不戰而敗。

第二天，劉備來到趙雲的營地，對部下說：「趙子龍一身都是膽啊！」從此，劉備軍中就稱呼趙雲為虎威將軍。

對於一個談判者來說，敢冒風險以恐嚇敵人，沒有渾身的膽子，沒有對於敵手心理的洞察，沒有高超的操縱人心的說話技巧，是會弄巧成拙的。

如何說才能讓談判持續往前推進

　　一般來說，談判是一個非常耗時的活動，談判雙方必須一次不行談兩次，兩次不行談三次，對同一件事情反覆討論，反覆較勁，經過多次的努力，才能達到目的。因此談判力在一般情況下並不表現為火山式的爆發力，而是表現為一種長期作戰、穩中求勝的耐力。就算是一個具有豐富談判經驗的「談壇」老手，在與一個很少接觸談判的新手談判時，他也不可能在極短的時間內取得談判的勝利。因為談判並不像一場拳擊比賽那樣用武力迫使對方屈服，它是一場口舌之爭，其效能方式只能是說服，而不是強迫。所以談判者在談判過程中必須要有打持久戰的準備。

　　儘管談判中有各式各樣的矛盾和衝突，但談判雙方還是存在合作與交流的。談判雙方不是你死我活，你爭我搶，而是為了一個共同的目標探討相對的解決方案。如果對方的報價有利於當事人，當事人又希望和對方保持良好的業務關係或迅速結束談判，

做出合作型反應則是恰當的。合作型反應通常是贊許性的。承認和欣賞對方實事求是地對待談判的態度，但還必須強調進一步談判的必要性。這種有必要進一步談判的事先表示，可以降低對方認為自己低估了案情進而轉入防禦性交鋒的可能性。

使談判繼續往前推進

絕大部分的談判都無法輕易就獲得勝利，只有克服許多意料之外的困難，使談判持續往前推進，最終才可能達到擊敗對手的目的。有些談判因為牽涉的層面過於複雜，或者因為談判各方處於敵對狀態，只是因為各種原因不得不勉強坐在同一張談判桌前，這樣的談判就很難繼續進行。談判的複雜程度想必每個談判者都能理解，因為各種新聞媒介、理論刊物的闡述與分析很多。

在我們周圍的實際生活中，存在著大量的這類難以解決的談判，因為人與人之間的關係和國與國之間、集團與集團之間的關係都是錯綜複雜的。但是對於談判者來說，談判又是必須的，就像人們需要水和麵包一樣。談判者不可能放棄它，如果真的是這樣的話，那麼對雙方都不會帶來好處。

對於談判者來說，圓滿地達成協定、實現自己的預定目標是義不容辭的責任，那麼談判者需要做的就是千方百計排除談判道路上的各種障礙，克服談判過程中的各種困難，使談判能夠順利進行。膽怯和魯莽的舉動都是理智的談判者必須摒棄的。因為只

有讓談判順利地進行，才會達到你想要的結果。

　　如何在緊急關頭迅速地做出一項正確的決定，是談判前準備工作的重要內容，也是談判者實力的一大表現。因為我們在談判中經常會碰到一些出乎意料但又不得不做出回答的問題。對這些問題，你事先並未經過充分的考慮，回答了怕不行，不回答更不行。在眾目睽睽之下語無倫次，會讓你感到非常難堪。

　　遇到這種情況的時候，對方常常會幸災樂禍、落井下石，這也是談判中的正常反應。他明知道你需要一些時間來進行充分的考慮，才能做出合適的決定，但卻會找各種理由和藉口，逼迫你馬上做出決定。

　　在這種情況下，你一定要鎮靜沉著，不慌不忙，臨危不亂。千萬不要被對方所提出的各種理由所迷惑，更不要讓談判對手牽著你的鼻子走。一句話，千萬不要匆匆忙忙、草草率率地做出某個決定，那樣，你就正中了對方的計謀。即使你認為先點頭表態無所謂，不會有什麼大的妨礙，也不應該在頃刻之間就完全同意了對方的提議，這樣談判就不會繼續往前推進。

　　在談判場上，對每個決定做出謹慎考慮，是為了不做出失誤的決定，是為了不在談判結束後捶胸頓足，後悔不已。當對方催促你時，你不妨坦言說：「我還需要仔細考慮，請給我一點時間。」把這句話大膽地說出口，就可以省去許多不必要的麻煩。

這樣說並不是逃避，也不是退縮，更不是意志薄弱者的優柔寡斷。這種情況下不做決定是有理由的，從邏輯上說，是談判的戰術之一。它要求當對方逼迫你馬上做出一項決定而你又無法當機立斷時，你就應該清清楚楚、明明白白地向對手說明自己不能在頃刻之間做出這項決定，以及不能決定的理由。如果你言之有理，對方是會諒解的。退一步說，即使當時沒得到對方的諒解，他起碼不會誤認為你是一個態度曖昧、優柔寡斷的人。而如果你與對方達成了共識，那麼一切的主動權就會落到你的手裡。

談判是否能夠繼續往前推進，是由談判者的能力決定的。每一次談判都是對談判者能力的檢驗。談判的成功與否，在根本上決定於參與談判的雙方的實際能力。所以，談判者要掌握一定的說話技巧，不讓對方抓住把柄，才不至於失敗。

把氣氛說活絡，使談判得以順利進行

在談判的過程中，如果遇到問題非常複雜，難以啟齒，但卻又非問不可的時候，往往得使用「緩動」的技巧。對於這種說話的緩動技巧，具有防止對方發怒，使談判得以順利進行的作用。

在談判過程中，我們有時會變得情緒化是難免的，有時還要提出一些涉及到人身攻擊的問題，有時又必須與曾是你手下敗將的談判對手再度會面。在這樣的情況下，你應該如何處置呢？假如現在要與你談判的對手，在不久之前，才和你談過一件有關土

地買賣的問題，當時他認為自己所提出的價格十分合理，但事後卻越想越不對，越想越覺得價格太低，覺得是自己吃了大虧。在這種情況下，當這位談判對手再度與你面對面，討論另一件有關土地買賣的問題時，必然是心不平、氣不和的。所以，這次無論你開出的價格再怎麼合理，對方肯定不會輕易地同意。他之所以不同意，其實並不是價格合不合理的問題，而是他已打定主意，要以更高的價格把土地賣出，以補足上一次的損失。

經常會發生類似的例子。所以，當你發現談判對手對你心存不平時，就必須慎重處理，小心應付。而最好的方式就是化干戈為玉帛，當談判一開始時就誠懇、開門見山地向對方提出解釋，以消除其蓄積於心中的不滿與怨氣，讓談判能夠重新開始。

面對這樣的情況，你可以這樣說：「上一次土地買賣的事已經過去了，現在想來，我確實有些抱歉，不過……」接著便設法讓對方明白，使對方心中不再怨恨不平，談判就可以順利地進行了。這就是所謂的說話緩動技巧。

還有一個例子：一位顧客，由於對方送貨太遲，而向推銷員大發脾氣：「你到現在才送貨來，還想收錢？我的老主顧都因為買不到東西而到別家去了，你們讓我虧了很多錢，知不知道呀？」

這位聰明的推銷員看到對方發火，立刻向對方道歉，並且說：「肯特先生，我們的貨送得太慢了，真對不起。難怪你會不

高興，換成我也會發火，我很瞭解你的心情。」

然後，這名推銷員又問對方：到底慢了多久？損失了多少錢？以後再發生這種事應該怎麼處理？等到對方怒氣消失，臉色好轉後，他再請對方想一想，以前送貨的情況怎麼樣，有沒有耽誤過期限。

肯特先生一想，發覺對方每次都按期送貨，只是這一次遲延，因此對於剛才發那麼大的火，開始感到有點不好意思。這時候，那位聰明的推銷員才向他說明：「這一次貨送得慢，是因為製造商趕不出貨來，所以批發商才送慢了。不過，這是個案，以後不會再發生這種事情了。」由於對方說話的態度誠懇，而且過失也不全在對方，所以肯特先生也就不再生氣了，這場衝突也就消除了。

面對緊張的氣氛，談判者首先要建立親切、友好的氛圍，再來談。客戶無論是代表公司或個人，都必須承擔談判失利的風險，這種焦慮感會導致他情緒起伏不定，談判也易陷入僵局。談判人員在談判初期，要不斷讓客戶瞭解你、信任你，建立親切、友好的氛圍，才能去除對方的焦慮感，讓談判順利進行。

談判的內容通常牽連非常廣，不只是單純的一項或兩項。在一些大型的談判中，最高記錄的議題便多達七十項。當談判內容包含多項主題時，可能有某些項目已談出結果，某些項目卻始終

無法達成協定。面對這樣的情況，你可以這麼「鼓勵」對方，「看，許多問題都已解決，現在就剩這些了。如果不一併解決的話，那豈不是太可惜了嗎？」這就是一種用來打開談判僵局的說法，它看起來雖稀鬆平常，實際上卻能發揮非常大的作用，所以值得作為談判的利器，廣泛地使用。

當談判牽涉到多項討論主題時，更要特別留意議題的重要性及優先順序。譬如，在一場包含六項議題的談判中，有四項為重要議題，另兩項相對來說不太重要。而假設四項重要議題中已有三項獲得協定，只剩下一項重要議題和兩項小問題，那麼，為了能一舉使這些議題也得以解決，你可以這樣告訴對方：「四個難題已解決了三個，剩下的一個如果也能一併解決的話，其他的小問題就好辦多了。讓我們再繼續努力，好好討論討論唯一的難題吧！如果就這麼放棄，大家都會覺得遺憾呀！」對方聽你這麼一說，大多數都會點頭，同意繼續談判。

如果第四個重要議題也得到解決時，那麼你不妨再重複一遍上述的說法，這樣談判就可以圓滿地結束了。打開談判僵局的方法有許多，除了可以說「只剩下一小部分，放棄了多可惜！」、「已經解決了這麼多問題，讓我們再繼續努力吧！」等說話的技巧外，還有其他多種做法。不過，無論所使用的是哪一種方法，要設法藉著已獲一致協定的事項作為跳板，以達到最後的目的，這是非常重要的。

如何把價格說得恰到好處

　　在談判過程中，為了獲取最大的利益，討價還價是必須的途徑。吹毛求疵、小處著手、製造競爭是討價還價過程中非常有效的技巧！

　　無論你是否承認，談判成功是一個相互妥協的過程。有些看似態度強硬的談判對手，只要他是為了達成目標而來，就肯定會在一定程度上妥協，最終在討價還價的拉鋸戰中讓步。而你在某種程度上做出一點妥協，放棄一點利益，看起來似乎是很委屈的，但若能在不違背大原則的前提下調整你的利益，雙方都能從這種相互妥協的討價還價中獲益。

　　因此，想要在相互妥協的談判過程中獲取最大的利益，就必須掌握討價還價的技巧。

1、吹毛求疵法

　　「吹毛求疵」是說人有一種挑剔的習慣，假如把這種挑剔的習慣運用到談判中，就是一種討價還價的高招。買主往往用這種技巧來壓低賣主的報價，其方法就是故意找碴，提出一大堆問題及要求，其中有些問題確實存在，有的則是故意製造出來的。

　　國外談判學家曾經做過很多這方面的實驗，實驗顯示：假如其中一方用這種「吹毛求疵」的方法向對方討價還價，提出的要求越多，就會得到越多；提出的要求越高，結果就會越好。

　　有一次，美國談判學家羅伯斯去買冰箱。營業員指著羅伯斯要的那種冰箱說：「一台259.5美元。」

　　羅：「這種型號的冰箱一共有多少種顏色？」

　　營：「一共有32種顏色。」

　　羅：「可以看看型錄嗎？」

　　營：「當然可以！」

　　羅：「你們店裡的現貨中有多少種顏色？」

　　營：「有22種。請問您要哪一種？」

　　羅：「這種顏色和我家廚房的牆壁顏色相配！」

　　營：「很抱歉，店裡現在沒有這種顏色。」

羅：「可是其他顏色與我家廚房的顏色都不協調。顏色不好，價錢還這麼高，如果不能便宜一點，我就要去其他的商店了，我想別的商店一定會有我要的顏色。」

營：「好吧！算你便宜一點就是了。」

羅：「可是這台冰箱有些小瑕疵！你看這裡。」

營：「我什麼也看不出來。」

羅：「什麼？儘管這是小瑕疵，可是冰箱外表有瑕疵通常不都會打點折扣嗎？」

營：「……」

羅：「這台冰箱有製冰器嗎？」

營：「有！這個製冰器每天24小時為您製作冰塊，一小時才3美分電費。」（他認為羅伯斯對這個製冰器感興趣）

羅：「這可太糟糕了！我的孩子有輕微哮喘病，醫生說他絕對不可以吃冰塊。你能幫我把它拆下來嗎？」

營：「製冰器和製冷系統連在一起，是不能拆下來的。」

羅：「可是這個製冰器對我根本沒有用！現在我要花錢把它買下來，將來還要為它付電費，這太不合理了！當然，假如價格

可以再降低一點的話……」結果可想而知，羅伯斯以相當低的價格——不到200美元買下了他十分中意的冰箱。

另外，談判者在知道如何運用「吹毛求疵」的同時，還應該做好在談判中應付對手的「吹毛求疵」。一般來說，可以這樣應付：在談判之前做好心理準備：對方總是喜歡挑剔的，這是他的權利；耐心加笑容，心平氣和地微笑是對付挑剔者最好的武器；對挑剔者針鋒相對，即把對方無中生有找出來的問題，毫不留情地打發回去。

例如，在上面的那個案例中，對於羅伯斯對冰箱顏色的挑剔，高明的營業員可以這樣說：「你要的那種顏色是暢銷貨，價格要貴許多！」至於針對羅伯斯說冰箱有小瑕疵的挑剔，可以這樣說：「正因為有小瑕疵，現在才賣這個價格，否則要貴許多。」羅伯斯要拆掉製冰器的要求更是在故意找碴，可以這樣對付他：「你也知道，製冰器和整個製冷系統連在一起是無法拆下來的，並且你要的這種冰箱都有製冰器，看來你只有到冰箱廠去訂做一個了。」試想一下，當羅伯斯連碰幾個這樣的軟釘子，他就不會再挑剔什麼了。

2、小處著手法

在談判中，如果是大型設備、成套專案及較複雜的交易，討價還價可以採用分批討價還價的方式。一般可先對「差距小」的

專案討價還價。這樣做不僅易被對方接受，而且還能瞭解對手的談判風格。假如談判出現一些僵持局面，不妨考慮在「小處」先做某些讓步。例如，對方報價的主機價格60萬元，技術費20萬元，零件價格8萬元。當你討價還價時，就可以先從零件或技術費著手，如果談判順利，就可以開始談主機價格。

3、製造競爭法

對於一些價格構成比較複雜的商品或者大型工程承包的價格談判，討價還價的一方為了爭取有利的成交條件，就要充分製造或利用競爭的局面。比如，可以採用「貨比三家」的技巧，使多個賣方主動地做出價格解釋，證明其報價與交易條件的合理性。又如，在工程項目承包中，利用招標方法，這樣不但可以使各個承包商為了戰勝競爭對手，提高工程品質，而且還會盡可能地壓低工程報價。

某度假村想興建一個游泳池。該度假村使用招標方式，初步選定五個承包商。度假村負責人在審查三個承包商的標單時，發現每個方案所提供的溫水設備、過濾網、抽水設備、設計、裝飾材料、價格等都不一樣。因為技術性強，選擇非常困難。於是，飯店負責人邀請三個承包商於同一天同一時間抵達飯店，並在他們彼此認識之後，依次進行了談判。

談判中，甲方對度假村負責人說：「我們建造的游泳池品質

最佳，而乙方使用的是陳舊的抽水設備，丙方的信譽不好。」乙方告訴度假村負責人說：「甲方與丙方提供的是塑膠管道，而自己提供的則是銅管道。」而丙方卻告訴度假村負責人說：「甲方與乙方使用的過濾網品質低劣，報價過高。」透過這次談判，該度假村清楚了建造游泳池的知識，累積了和承包商討價還價的經驗，在要求修改工程預算方案的基礎上，最終選擇了價格最低的承包商。

4、火力偵察法

所謂火力偵察法就是主動地挑起一些帶有挑釁意味的話題，來刺激對方表態，然後再根據對方的反應判斷虛實。客戶說：「你的價格太貴。」那麼，我們可以說：「我是貨真價實。就怕你一味貪圖便宜，商業中流行著一條準則，叫做一分錢一分貨，便宜無好貨。」

實際上，剛才這一系列的話，就是一個火力偵察。首先談到的是貨真價實，就怕對方一味貪圖便宜，這是很有挑釁意味的一個話題；一分錢一分貨，便宜無好貨，透過挑起這段話之後，再看對方的反應，看看他到底是不是真的認為價格太高，可以從中探究出他的價格承受能力。

因此，火力偵察就是「炮彈」，對準「敵人」，就像打仗一樣，先把炮彈打過去，敵人跑出來了，就說明敵人在什麼地方。

5、試錯印證法

最後一種方法就叫試錯印證法，也就是說，在與對方的合作中有意無意地犯一些錯誤，比如念錯一個字，或者用錯語詞，或者把價格算錯、報錯，這樣來誘導對方表態，然後再根據對方的表態藉題發揮，最後而達到目的。假設我們是賣方，對方是一個對數字很敏感的會計人員，在產品羅列之後，銷售人員故意不把其中的1000元加到總價裡，少1000元，對方是一個很謹慎的會計，很容易發現這個錯誤。他發現價格便宜了1000元，覺得有漏洞可鑽，他就會希望在我們還沒有發現這個錯誤價錢之前，盡快達成協定。

然後利用他的這種貪小便宜的心理，在達成協定之前，我們可以把這個錯誤的資料拿給老闆看。然後告訴對方少算了1000元，對方可能會賴帳，這時候可以跟對方說：「這是我的許可權範圍，少算了1000元，如果不承認，就從我的工資裡扣，除非再去找老闆申請，看他能不能同意便宜一些，但是不可能1000元全優惠，要不然就得從我的工資裡扣。」

人通常都有同情心，他不會希望從你的工資裡扣錢，他會同意你去找老闆談，實際上他的精力都集中在我們故意犯的這個錯誤上，而忽略了其他的大局，這樣使談判很容易成交。

商業談判中的報價技法

　　商業談判的主要內容是價格、交貨期、付款方式及保證條件這四大項，而價格因素是談判中的焦點。談判中，報價是不可或缺的中心環節。那麼，到底是哪一方先報價呢？先報價好還是後報價好？還有沒有別的報價方法？如果按照慣例，應該由發起談判者先報價，投標者與招標者之間應由投標者先報價，賣方與買方之間應由賣方先報價。而先報價的好處就在於能夠先行影響、制約對方，把談判限定在一定的框架內，在此基礎上最終達成協定。比如：如果你將報價定在一萬元，那麼，對手很難奢望討價還價至一千元。

　　談判者在報價的時候，大多採用的就是先報價的方法，而且他們報出的價格，通常要超出顧客擬付價格的一倍乃至幾倍。假如1件襯衫賣60元的話，商販就心滿意足了，而他們卻報價160元。他們是考慮到很少有人會討價還價到60元，所以，一天中只需要有個人願意在160元的基礎上討價還價，商販就能贏利賺錢。

　　當然，賣方先報價也得有個限度，不能漫天要價，假如你到市場上問小販雞蛋1斤多少錢，小販回答1斤300元，你還會費口舌與他討價還價嗎？雖然先報價有很多好處，使對方聽了以後，可以把心中隱而不報的價格與之比較，然後進行調整：合適就拍板成交，如果不合適就會千方百計利用各種手段進行殺價。先報價和後報價都有一定的利與弊。談判中是決定「先聲奪人」還是選擇「後發制人」，必須根據不同的情況靈活運用。

　　一般情況下，如果你準備充分，知己知彼，就要爭取先報價；如果你不是行家，而對方是，那你要沉住氣，後報價，從對方的報價中獲取資訊，及時修正自己的想法；如果你的談判對手是個外行，那麼，無論你是「內行」或者「外行」，你都要先報價，力爭牽制、誘導對方。

　　自由市場上的老練商販，大都深諳此道。當顧客是一個精明的家庭主婦時，他們就採取先報價的技術，等著對方來壓價；當顧客是個初出茅廬的小伙子時，由於對方有可能報出一個比商販的期望值還要高的價格，因此他們多半先問對方「多少錢」。

　　先報價與後報價都屬於謀略方面的問題，而對於一些特殊的報價方法，就會涉及到語言表達技巧方面的問題。同樣是報價，運用不同的表達方式，其效果也是不相同的，有一個例子可以說明。

　　保險公司為動員液化石油氣用戶參加保險，宣傳說：參加液化氣保險，每天只需繳保險費一元，若遇到事故，則可得到高達一萬元的保險賠償金。這種說法用的是「除法報價」的方法。它是一種價格分解術，以商品的數量或使用時間等概念為除數，以商品價格為被除數，得出一種數字很小的價格商，使買主對本來不低的價格產生一種便宜、低廉的感覺。

　　如果說每年繳保險費365元的話，相對來說，其效果就會差很

多。由於人們覺得365是個不小的數字。而用「除法報價法」說成每天繳一元，從心理上說，人們聽起來會更容易接受。

由此推想，既然有「除法報價法」，那就會有「加法報價法」。有的時候，報高價為了不嚇跑客戶，就把價格分解成若干層次漸進提出，使若干次的報價加總後，仍等於當初想一次報出的高價。

比如：文具商要向畫家推銷一套筆、墨、紙、硯。如果他一次報高價，或許畫家根本就不會買。但文具商可以先報筆價，要價很低；成交之後再談墨價，要價也不高；待筆、墨賣出之後，接著談紙價，再談硯價，抬高價格。畫家已經買了筆和墨，自然想「配套成龍」，由於不忍心放棄紙和硯，因此在談判中很難在價格方面做出讓步。

賣方採用「加法報價法」，依恃的多半是所出售的商品具有系列組合性和配套性。買方一旦買了元件1，就無法割捨元件2和3了。針對這一情況，身為買方，在談判前就要考慮商品的系列化特點，要在談判中及時發現賣方「加法報價」的企圖，以便讓這種「誘招」失敗。

對於一個優秀的推銷員來說，見到顧客時很少直接逼問：「你想出什麼價？」相反，他會不動聲色地說：「我知道您是個行家，經驗豐富，根本不會出20元的價錢，但你也不可能以15元的

價錢買到。」這些話乍聽之下是順口說來，事實上卻是在報價，隻字片語就把價格限制在15至20元的範圍之內。

這種報價方法，既報高限，又報低限，「抓兩頭，議中間」，傳達出這樣的資訊：討價還價是允許的，但必須在某個範圍之內。比如上面所說的例子，無形中就將討價還價的範圍限制在15至20元之間。

另外，有時談判雙方出於各自的打算，都不先報價，這時，就有必要採取「激將法」讓對方先報價。有很多激將法，其中有一個怪招——故意說錯話，以此來套出對方的消息情報。

如果雙方堅持不肯先報價，這個時候，你不妨突然說一句：「噢！我知道，你一定是想付30元！」此時對方可能會爭辯：「你憑什麼這樣說？我只願付20元。」他這麼一辯解，實際上就先報了價，你就可以在此基礎上討價還價了。

從以上的敘述可以看出：商業談判中的報價與商品的定價是有相似之處的，從某些方面也可以說，談判中的報價就是一種變相的商品定價，所以，談判者在談判中的報價技法就可以借鏡一下商品定價的方法與策略。

如何說得
對方心服口服

　　人們常在說服他人時所犯的弊病就是：一是先想好幾個理由，然後才去和對方辯論；二是站在領導者的角度上，以教訓人的口氣，指點他人應該怎樣做；三是不分場合和時間，先批評對方一通，然後強迫對方接受其觀點等等。這些作法，其實未必能夠說服對方。因為這樣做，其實質是先把對方推到錯誤的一邊，也就等於告訴對方，我已經對你失去信心了，因此，效果往往不是十分的理想。

　　在戰爭中，高明的軍事家常常運用「聲東擊西」的戰術出奇致勝。在談判中，運用聲東擊西的妥協戰術往往會使談判雙方的矛盾得以解決，並且讓對方心服口服。經驗豐富的談判人士發現，在許多談判過程中，直來直往的強攻硬取通常只會適得其反，可是談判中的合理利益需求又不能輕易放棄，於是聲東擊西便成了獲得利益的首選方式。

225

所謂的聲東擊西，是指透過說一些轉移對方注意力的話題來達到目的，即當談判在議題上進行不下去時，既不強攻硬戰，也不終止談判，而是巧妙地將議題轉移到無關緊要的事情上且糾纏不休；或在對自己不成問題的問題上大做文章，迷惑對方，使對方顧此失彼；也可以把議題迅速轉移到對方最感興趣的方面，然後透過適當滿足對方的利益需求，換取對方在己方利益上的妥協。

其實，無論怎麼運用聲東擊西的戰術，追根究底，都是一種妥協手段的靈活運用。

因為放棄正在進行的、有利於實現自身利益的議題這種行為本身就是一種妥協行為，儘管這種放棄是暫時的，但這種行為顯示了自己不固守僵局、願意主動解決問題的妥協態度。運用這種聲東擊西的妥協戰術，通常會為談判雙方矛盾的解決帶來意想不到的效果。

在商務談判中，聲東擊西之策略經常被採用，除了以轉移注意力的方式解決雙方矛盾、化解談判僵局之外，談判者還可以運用聲東擊西的策略來迫使對方做出重大讓步。

比如，有些商務談判者本來打算在眼前的談判中與對方達成協定，但由於雙方之間出現了難以解決的僵局，因此就假裝另闢蹊徑到別處活動，或者拖延繼續開始談判的時間，或者與談判對手的競爭者加強聯繫等，這些做法其實都是表象，目的是為了增

加談判對手的壓力，以實現最終有利於自身的談判結果，進而使對方心服口服。

說服他人的基本要訣主要包括以下幾個方面：

1、取得他人的信任

在說服他人的時候，取得對方的信任是最重要的。只有對方在信任你的時候，才會正確地理解你的觀點和理由。社會心理學家們認為，信任是人際溝通的「過濾」。

只有對方信任你，才會理解你友好的動機，如果對方不信任你，即使你說服他的動機是友好的，也會經過「不信任」的「篩檢程序」作用而變成其他的東西。因此在說服他人時，能否取得他人的信任，是非常重要的。

2、站在他人的角度設身處地地談問題

談判時，要說服對方，首先要考慮到對方的觀點或行為存在的客觀理由，亦即要設身處地為對方想一想，進而使對方對你產生一種「自己人」的感覺。這樣，對方就會信任你，感到你是在為他著想，因此，說服的效果將會變得非常明顯。

3、創造出良好的「是」的氛圍

從談判一開始，就要創造一個說「是」的氣氛，若形成一個

「否」的氣氛是非常不利的。若要不形成一個否定氣氛，就是不要把對方置於不同意、不願做的地位，然後再去批駁他、勸說他。

比如說：「我曉得你會反對……可是事情已經到這一步了，還能怎麼辦呢？」這樣說來，對方仍然難以接受你的看法。在說服他人時，要把對方看作是能夠做或同意做的。比如：「我知道你能夠把這件事情做得很好，只是不願意去做而已。」又比如：「你一定會對這個問題感興趣的。」等等。談判事實顯示，從積極的、主動的角度去啟發對方、鼓勵對方，幫助對方提高自信心，讓對方心服口服地接受己方的意見。

4、在談判中，想要使對方心服口服，用語一定要謹慎

事實上，說服他人時，不一樣的用語色彩，說服的效果就會截然不同。一般情況下，在說服他人時要避免用「憤怒」、「怨恨」、「生氣」或「惱怒」這類字眼，即使在表述自己的情緒時，比如像擔心、失意、害怕、憂慮等等，也要在用詞上小心謹慎，這樣才會收到良好的效果。

在談判中，想要使對方心服口服，是非常困難的。但是只有你掌握住以上的說話技巧，相信對方不得不被其折服。

第七章

一句話就能海闊天空

我們經常會碰到別人的言語刺激，

有時心情會因此低落好幾天，

但往往事情過後，回過神來，

心想：「那時候我要是這樣說就好了！」

所以，對於每個人來說，

掌握說話技巧是非常重要的，

也許因為一句話，就可能會有新的轉機。

如何用委婉的語氣
使對方知趣

　　1952年，美國總統尼克森在蘇聯訪問後，將要去蘇聯其他城市訪問。蘇共總書記勃列日涅夫到莫斯科機場送行。正在這時，飛機出現故障，一個引擎怎麼也無法發動。機場地勤人員馬上進行緊急檢修。尼克森也只有延遲登機。勃列日涅夫遠遠看著，眉頭越皺越緊。為了掩飾自己的窘境，他故作輕鬆地說：「真對不起，總統先生，耽誤了你的時間！」一面說著，一面指著飛機場上忙碌的人群問：「你看，我要怎樣處分他們呢？」

　　尼克森說，「不！應該提升！幸好他們在起飛前發現故障，否則將會有多可怕的後果啊！」尼克森的話裡有辛辣的諷刺、澀澀的挖苦、無聲的指責，而這些卻是以貌似誇獎的話傳達出來的，勃列日涅夫聽了此話，除了苦笑，還真的什麼也說不出來：別人沒有說任何難聽的話，何必落個「自作多情」、「神經過敏」的把柄呢？但是，遇到這樣的情況，你可以多練習一些「解話」、

「接話」的功夫，以提高你表達言外之意的本領。

接話非常簡單，可以回答，也可以附和。解話似乎也不難，除了直言明意易於理解外，「聽話聽聲，鑼鼓聽音」也能幫你聽出言外之意來。但在實際交談中，並不是每個人都能解話正確、接話恰當的。

接話是否正確，除了取決於說話者自身的修養及駕馭語言的能力外，還取決於「解話」的正確與否，切不可小看「解話」錯誤，這不僅僅是製造出幾個笑話而已，還會影響到人際交往是否會產生衝突和誤會。

我們在表達的時候，誤解的可能性不但要求我們要注意字面表達是否得體，也要注意可能出現的會話隱涵是否恰當。例如，有一句流行的廣告詞「嘉士伯可能是世界上最好的啤酒」（模仿此句的廣告詞有很多）。有人認為這句廣告詞說得比較實在，沒有誇大其辭，但如果我們從會話隱涵的角度來看，問題就出現了。

根據量的準則，該句話包含著「嘉士伯不一定是世界上最好的啤酒」的意思，意即「嘉士伯可能不是世界上最好的啤酒」，顯然這是廣告主和作者所不願意接受的無用話涵。再以日常生活為例，假如你到朋友家做客，千萬不能對食物或小巧精品大加讚美，例如不能說「這瓶酒真好，我見都沒見過」、「這打火機挺漂亮的」等等，不然，朋友還以為你想喝酒或想索取禮品了。

但萬一你說了句無用話涵的話語，也不必驚慌失措，由於話涵有一個重要的特性，即可消去性。根據英格蘭語言學家蓋上達的論證，話語的字面所斷定的內容要強於它的會話隱涵，因此可以用話語本身來消去會話隱涵。我們把上面的例子引申一下，當你在朋友家做客，貿然說出「這瓶酒真好，我見都沒見過」時，你的朋友一定會認為你想喝這瓶酒，因為這句話語本身就有「想喝這瓶酒」的話涵，但這時你也不必驚慌，你可以把語氣轉一轉：「可惜我沒有喝酒的口福，我對酒精過敏。」這樣說就會消去此話涵，進而使你的朋友如釋重負。

雅倩非常喜歡跳舞，男友小張偏偏是個安靜的人，正準備參加大學考試，但常被她拉去跳舞。雅倩有個不好的習慣，不跳到舞廳打烊不會盡興，久而久之小張難以忍受。有一次他們從舞廳出來已是深夜12點多了，小張說：「妳的舞步跳得很棒，我還沒看夠。妳一路跳回宿舍怎麼樣？」雅倩撒嬌說：「你想累死我啊！」小張一副認真的樣子：「不要緊，我也陪妳一起跳。」雅倩噗嗤一笑：「虧你想的出來，那你丟下我一個人也不怕我碰到流氓嗎？」這時，小張才言歸正傳地說：「那妳在舞廳丟下我一個人，也不怕我打瞌睡時別人把我的皮包給扒走。」雅倩聽後才知道男友壓根兒沒有興趣跳舞，以後就有所收斂了。

圓場之「圓」沒有一成不變的技術，圓場之「場」也無特定無疑的情形。圓場需要會說話的人，更需要應變能力強的人。

如何說服別人

對於人類語言的表達，有著其約定俗成的習慣性規則。在特定的情況下，出於表達的需要，人們要打破習慣的約束，並反其道而行，這就形成了反語。其實這是一種極端拐彎抹角，徹底迂迴表達的方式。

有時候為了說服他人，有些話絕對不允許你說出來，而要從其反面說起。須知真理再向前一步就可能變成謬誤，把反面的話略加引申，或許就會走到反面的反面。

春秋時期楚莊王的一匹愛馬死了，他要為馬辦喪事，還要按照「大夫」的規格，用棺諄厚禮埋葬。大臣們紛紛勸阻。最後楚莊王還下定決心說：「誰敢再勸阻，一定要殺死他。」

很明顯，不論怎樣改頭換面，只要一說「不」，必是自取其辱。優孟知道了，直入宮門，仰天大哭，把莊王弄得異常納悶，

迫不及待地問是怎麼回事。優孟說：「那匹馬是大王最喜歡的，卻要以大夫的禮節安葬牠，太寒酸了，請用君王的禮節吧！」莊王越發想知道理由了，優孟繼續說：「應雕玉為棺，以國君之禮葬之，並昭告天下，要使諸侯及百姓皆知大王厚愛此馬，把馬看得比人還尊貴。」這時莊王恍然大悟，趕緊請教優孟如何彌補自己的過失。最終將馬付諸庖廚，烹而食之。

優孟的地位是低下的，如果他直陳利弊，凜然赴義，固然令人肅然起敬。然而他正話反說，力挽狂瀾，他所言更令人擊節。

在語言藝術中，反語是一種迂迴術，是更為極端的迂迴術。正話反說便是以徹底的委婉，欲擒故縱，取得合適的發言角度，達到比直言陳說更為有效的說服效果。

從前，有一個齊國人得罪了齊景公，齊景公非常生氣，命人將這個膽大包天的人綁在殿下，召集左右武士來肢解這個人。為了防止別人干預他這次殺人舉動，他甚至下令：「有勇於勸諫者，也定斬不誤。」文武百官見君王發了這麼大的火，誰還敢上前自討殺頭之冤。晏子見武士們要對那個人殺頭肢解，急忙上前說：「讓我先試第一刀。」

眾人都覺得十分奇怪：晏相國平時是從不親手殺人的，今天怎麼啦？只見晏子左手抓著那個人的頭，右手磨著刀，突然抬頭向坐在一旁的齊景公問道：「古代賢明的君主要肢解人，您知道

是從哪裡開始下刀嗎？」齊景公趕忙離開坐席，一邊搖手一邊說：「別動手，別動手，把這個人放了吧！過錯在寡人。」那個人早已嚇得半死，等他從驚悸中恢復過來，真不敢相信頭還在自己肩上，連忙向晏子磕了三個大響頭，死裡逃生般地走了。

晏子在齊景公身邊的時候，就經常透過正話反說的方法，迫使齊景公改變一些荒謬的決定。有一次，一個馬夫殺掉了齊景公曾經騎過的老馬，原來是那匹馬生了病，久治不癒，馬夫害怕牠把疾病傳染給馬群，就把這匹馬給宰殺了。齊景公知道後，非常心疼那匹馬，就斥責那個馬夫，一氣之下竟親自操戈要殺死這個馬夫。馬夫沒想到國君為了一匹老病馬竟會殺了自己，嚇得早已臉色慘白。在一旁的晏子看見了，就急忙抓住齊景公手中的戈，對齊景公說：「您這樣急著殺死他，使他連自己的罪過都不知道就死了。我請求您歷數他的罪過，然後再殺他也不遲呀！」齊景公說：「好吧！這個混蛋就讓你處置了。」

晏子舉著戈走到馬夫身邊，對他說：「你為我們的國君養馬，卻把馬給殺掉了，此罪當死。你使我們的國君因為馬被殺而不得不殺掉養馬的人，此罪又當死。你使我們的國君因為馬被殺而殺掉了養馬人的事，傳遍四鄰諸侯，使得人人皆知我們的國君愛馬不愛人，得一不仁不義之名，此罪又當死。有鑑於此，非殺了你不可。」晏子還想再說什麼，齊景公連忙說：「夫子放了他吧！免得讓我落個不仁的惡名，讓天下人笑話。」就這樣，晏子

巧妙地把那個馬夫救了下來。

可以看出：從話的反面說就可以放大荒謬，讓人更為明白地見到了荒謬的真面目，進而達到了更好的說服效果。

有時，反諷使用者有意透過自我嘲諷的方式將同情、慰藉和愛傳達給對方，以達到說服的效果。有一位推銷旅行用品的新手，在路上碰到一位老前輩，就向他訴苦。「我做得不好。」他說，「我每到一個地方，就會受到他人的侮辱。」

面對他的訴苦，老前輩無疑是頗有感觸的，他覺得需要幫助這個年輕人，但他卻有自己獨特的表達方式：「那太糟了，」老前輩深表同情，「我無法瞭解那種情況。40多年來我到處旅行推銷，曾經有人把我拿出來的樣品丟到窗外，我自己也曾經被人扔出去過，被人踹下樓梯，被人一拳揍在鼻子上。但是我想我還是比較幸運，從來沒有被人侮辱過。」天哪，這還不叫侮辱？這是不折不扣的侮辱！這位老推銷員運用反語和自我解嘲的方式，表達了他對那位年輕人的關心和同情。這種方式之所以有力量，在於它傳遞了一種重要資訊；這一切對於一個推銷員來說，都算不了什麼！進而給予對方戰勝困難的信心和力量，也就達到說服的目的了。

清朝時期，有一學士名童引年，非常有名氣，因此自視才高。一天，童引年遊覽吳山，突然下起了大雨，就趕快到附近的

一戶農家避雨。家中有一老者，拿出一把紙扇請童引年題字。童引年輕視老者，隨便題幾字敷衍。他故意把羈（鼉）字誤寫成龜字；孔雀兩字，顛倒錯寫。

心想鄉下人愚笨不識字，不懂詞義，也不改正，並假藉同年朋友黃殿撰的名字就把扇子還給老者。

沒想到那位鄉下老者拿著扇子看了看，笑著說：「老拙一直認為『酒鼉』二字，沒有貼切的對子，今天扇頭上『榮龜』二字，真是天設地造的對子呀！」又審視良久說：「我這鄉下老拙從小沒有讀書，不知雀孔是什麼東西？想必就是庚倉勞伯之類吧！」接著又露出肅然起敬的樣子說：「中翰才名，足以響徹宇宙，何必假藉殿撰之名。請你寫上自己大名，稱呼也須斟酌，其實殿撰就是愚老門下的學生。」聽了老者的話，童引年心中羞愧汗如雨下。立即叩其姓氏、住址，這才知道老者原來是浙中名進士，僑居吳地已十年多了。

總而言之，說反話的效果來自它的「顯微鏡」作用，荒謬之上再加上更荒謬，則荒謬就無處躲藏，就會更容易地說服他人了。或許你會經常遇到一種情景：你在與別人爭論某個問題，分明自己的觀點是正確的，但就是無法說服對方，有時還會被對方「反駁」得啞口無言。這是什麼原因呢？

心理學家認為，要爭取別人贊同自己的觀點，光是觀點正確

仍然不夠，還要掌握微妙的交往技術。心理學家經過研究，提出了許多增強說服力的方法，其中最基本的有以下五種。

1、讓別人相信你

假如你對一位女士說：「您的上衣真漂亮！」她一定會相信。但是如果你對她說：「小姐，我們新推出的這種款式肯定更適合您。」她往往會對此表示懷疑而猶豫不決。其實，不僅是女性會有這樣的反應。這是人的一種本能。如果他覺得這件事將有利於你，他就會懷疑你說的話的真實性。

但是，在人際交往中，我們不時地需要說服別人接受我們的產品或者觀點，讓人們相信我們所說的。成功的「推銷者」總是能夠說服別人。其實，這並不難。一個比較簡單但是很實用的方法就是：不要自己直接說，借用別人的口。相信大家都見過那些「托」吧？不要小看他們的威力！中國人總是喜歡「跟隨潮流」，所以借了「托」們的口，一切都好辦啦！我們不妨借用一下這種技巧。比如你想推銷你的護膚霜，你說它多麼多麼的好不見得有多少用處，但是如果你說：「我認識的女孩子都用這種牌子，都說效果不錯！」恐怕她就會動心了。沒有人會去證實你那些也許不存在的女孩子有沒有用，但是她會相信：這種牌子真的不錯！瞧，你已經成功啦！

2、使自己等同於對方

　　當你要叫一群年輕人去清掃某個地方，而他們卻情願到別的地方去，你怎麼才能引起他們的興趣呢？

　　許多研究發現，如果你試圖改變某人的個人愛好，越是使自己等同於他，你就越具有說服力。例如，一個優秀的推銷員總是使自己的聲調、音量、節奏與顧客相稱。甚至身體姿勢、呼吸等也無意識地與顧客一致。這是因為人類具有相信「自己人」的傾向。正如心理學家哈斯所說的：「一個造酒廠的老闆可以告訴你為什麼一種啤酒比另一種好，但你的朋友，無論是知識淵博的，還是才疏學淺的，卻能對你選擇哪一種啤酒具有更大的影響。」

3、反映對方的感受

　　你準備說服隔壁新搬來的一對夫婦，請他們為社區的某項工程募捐，用哪種方法最好呢？平庸的勸說者就會開門見山提出要求，結果往往會發生爭執，陷入僵局；而優秀的勸說者則首先建立信任和同情的氣氛。如果主人為某事煩惱，你就說：「我理解你的心情，要是我，我也會這樣。」這樣就顯示了對別人感情的尊重。再談話時，對方就會更加重視你。

　　當然，優秀勸說者並不是一帆風順的，他也會遭到別人的反對。這時老練的勸說者通常會重新陳述對方的意見，承認它具有優點，然後才指出自己的意見更好、更全面。研究證明，在下結論前，陳述雙方的觀點，比只說自己的觀點更具有說服力。

4、提出有力的證據

你準備參加某次決策會議，為一項不為大家重視的事業爭取更大的一筆款項，怎麼說才最具有說服力呢？

如果向聽眾引用一些可靠的資料而不是個人的看法，你就會增加說服力。但要記住，聽眾受到證據的影響，也相同程度地受到證據來源的影響。在一項實驗中，讓兩組被測試者聽到關於沒有處方是否可以賣抗阻胺片的爭論，然後告訴一組被測試者說可以賣的證據來自《新英格蘭生理和醫學月刊》，另一組則被告知證據來自一家流行畫報。結果發現，第一組比第二組有更多的人贊成沒有處方也可以賣抗阻胺片。因此，說服他人時，引用權威更能消除聽眾的先入為主之見。

5、運用具體情節和事例

假如你為了推銷某種藥品，要刊登廣告，是把藥品的成分、功能、用法詳細介紹一番好呢？還是介紹某個患者使用後如何迅速痊癒的事例好呢？

優秀的勸說者都清楚地知道這一點：個別具體化的事例和經驗比概括的論證和一般原則更有說服力。因此，你想多賣些藥品，就應酌情使用後面一種方法。在日常生活中，你要說服別人，就應旁徵博引，使用具體的例子，而不要一味空洞說教。

突破僵局的
說話技巧

　　無論誰受到猛烈的攻擊時，都不會輕易地屈服。眼見對方攻勢凌厲地襲來，無論如何，你都要設法打住話頭，否則就無法挽回局勢，突破可怕的僵局。

　　即使是被對方逼急了，對方讓你無法反駁時你也不用著急，只要態度從容地反覆說：「胡說！」就行。就是應用沉默的戰術，結果，對方便無法繼續展開攻勢。不久，對方便會對此感到厭倦，也就會無奈他說：「討論下一個項目吧！」所以，當你被逼得走投無路時，不可慌張是最重要的，而且，還必須靜靜地等待。如果你魯莽地採取行動，只會讓你敗得更慘而已。你可以借鏡以下幾方面：

1、使用俗諺

使用俗諺是一種可以起死回生的說話技巧。俗諺可讓人產生

一種「真理」的錯覺。而每個人都不得不屈服於真理之下。當對方急著要你做決斷時,你可以說:「有句俗語說得好:『欲速則不達。』在這緊要關頭,我們應先穩住陣腳,以便從長計議。」

當對方以豐富的知識攻擊你的無知時,你可以這樣說:「俗話說:『知而不行,猶如不知。』我們應該重視這一點。」別忘了「狗急跳牆」。可能你的主張是對的,但問題是能否獲得眾人的支持,這是一種具有威脅性的說法。

面對這樣的情況,你必須先設法攪亂對方的陣容,接著再重新穩住自己的陣腳。這是削弱對方攻勢的方法。

2、找藉口

找藉口也是個好辦法,其要訣是必須故弄玄虛,並且還要有背水一戰的決心。

比如說:「你的意思我完全瞭解,但你何必這麼嚴厲地指責,以致傷了彼此的和氣?再說,你那方面也不見得完全沒有問題。你這種欺人太甚的態度,實在令人難以接受。」

「也許你說的是對的,但要知道,如果硬要固執己見,原本可以成功的也會失敗。」你必須在話題以外尋找藉口,這樣就可以反咬對方一口。因為在此之前,你是處於挨打的地位。要擾亂對方的陣腳,一個很有效的方法就是不斷地發問。

比如說：「你剛才說有檢討的必要，這是什麼意思？」

「你剛才說要建立全體參與的體制，所謂全體是指哪些人？而且要以什麼樣的方式參與呢？」就這樣不斷地向對方發問，對方早晚會露出破綻。因此，你要鍥而不捨地與對方纏鬥下去，直到對方不耐煩地脫口而出：「這種芝麻小事無關緊要！」

這時，你就可以趁機反駁對方說：「你怎麼可以說是芝麻小事？只要我還有疑問，你就必須說明，否則我怎麼能完全瞭解呢？」當然，採取這個辦法時，要掌握以下兩個要點。

第一，對於很明顯的事，也要反覆地詢問。因為這樣做，對方一定會感到厭煩，因而產生不想再和你糾纏下去的想法。這是一種聲東擊西的方式。為了轉移對方的注意力，以免他再注意我方的弱點，最好說些與之沒有關係的事。另外，此發問方式也要具有使對方的話喪失條理的效果。如果對方聲色俱厲地加以論證，這時你就可以找出其最主要的關鍵部分，然後反覆問一些極明顯的事。比如：「我想再確認一下……」，「你只是想到……」（故意說一些風馬牛不相及的事，最後對方將不得不對所說的話做某些修正，這就達到自己的目的了。）

第二，要對方為語態不清的字句下定義。例如：「做建設性的處理」，「調整」，「檢討」，「促進」，「跟隨」，「妥善處理」等等。如果對方存在弱點，其攻勢就不會那麼凌厲了。

3、多使用「比如說」

多說一些「比如說……」也是擺脫困境的有效方法。即使對方有條有理地高談闊論，有時只要以下列的方式發問，對方立即就會崩潰。例如：「比如說，有什麼例子嗎？」，「比如說，適合什麼情況？」，「比如說，在你的工作中有什麼實例？」，「比如說，你能想出適用的方法嗎？」等等。

雖然對方的話十分有道理，在邏輯上也顯得有條不紊，但若他無法回答「比如說……」的問題，難免會覺得不知所措。下面舉一個我們常見的例子：

A：「談話時增添些幽默感，可使談話更生動、活潑。但幽默如果沒有掌握住時間、地點和情況，就無法產生預期的效果。」

B：「我知道了。可是，你能不能告訴我，應該如何掌握時間、地點和情況呢？比如說，在什麼時候、什麼地點，以及什麼情況下，才可以說較為幽默的話呢？」

A：「哦，一般來說……」當你要求對方「舉出例子」時，很多人不會立即回答。這時，對方顯然已處於劣勢。因此，你要緊跟著說：「你說的我完全瞭解，不過，如果不知道具體的使用法，等於是紙上談兵，沒有一點意義可言。」

4、說些嘲諷的話

如果你想擾亂對方的陣腳，最好的方法就是攻擊對方的弱點。但如果直接攻擊弱點有時會遭受猛烈的反擊，最後甚至被逼得走投無路。所以，如果你採取說些嘲諷的話的攻擊方式，有時可以給予對方非常大的心理攻擊。特別是自視甚高或有些自卑感的人，聽到對方的冷嘲熱諷，心理上將會受到更大的衝擊。

當對方咄咄逼人時，你應該說：「你大概是對我恨之入骨，所以才會咄咄逼人，總是讓我走投無路。」對方若向你追問。「你不知道……這個事實嗎？」如果你直率地回答：「知道。」這就等於是甘居下風。因此，你可以這樣說：「如果我說不知道，你也不會相信，因為凡是你所知道的事，我絕對不可能不知道的。（我所知道的事比你更多！）」如果對方是一個自尊心非常強的人，在這樣的情況下，他就會產生退縮的心理。

5、多說些「不過」

「不過」，是經常被使用的一種說話技巧。

有一位著名的電視節目主持人在訪問某位特別來賓時，就巧妙地運用了這種技巧。「我想你一定不喜歡被問及有關私生活的情形，不過……」這個「不過」，等於是一種警告，警告特別來賓，雖然你不喜歡，「不過」我還是要……在日常用語中，與「不過」同義的，還有「但是」、「然而」、「雖然如此」等等，以這些轉折詞作為提出質問時的「前導」，會使對方較容易作答，而

且又不致引起其反感。

「不過……」具有誘導對方回答問題的作用。前面所說的那位主持人，接著便這麼問道：「不過，在電視機前面的觀眾，都熱切地希望能更進一步地瞭解有關你私生活的情形，所以……」

被如此一問，特別來賓即使不想回答，也難以拒絕了。

打破僵局6種說話方式

當你和生疏、淡漠的人共進晚餐時，你是否覺得這比死還難受呢？這當然是不行的。所謂的社會生活最初也是從這種淡漠中誕生出來的。約會的時候、面試的時候、主持會議的時候……教你幾招拉近彼此距離的好辦法，打破人與人之間的隔閡。

1、全是陌生人的聚會上

如果有人穿了土耳其風格的衣服，你可以這樣打開話題：「您去過伊斯坦布爾嗎？」這可是個好話題，對方一定會想起自己在伊斯坦布爾的經歷，高興地和你大聊特聊。千萬要記住：不能亂說些不敬的問題，比如「沒有別的更有趣的話題了嗎？」類似這樣的問題你連想都不要想。

2、和特別要好的朋友吵架了

你可以試著和他聊聊，分析一下吵架的原因。你可以這樣試

著打開話題：「我對於我們吵架的事有點想法，要不要聽聽看？」對於「我有我的立場」，或者「你記得是什麼樣的？」這類的話，一定要避開，它們對你是不會有什麼幫助的。

有條理地說出自己的想法，把對話真摯地維持下去。不時詢問一下朋友，問問他對這件事的看法，有些什麼感受也是很必要的。如果再怎麼說也無法恢復友誼的話，最好什麼也別再說了，也不要再道歉。這種情況，時間是解決的最有效辦法。

3、和面試官的共同話題

面試官可以說是一個棘手的人物，他對你的印象好與壞直接關係到你的未來。那麼，就不要一直傻坐著，用感性導入來打開話題。但不要說關於天氣之類的陳腔濫調。

對面試官的談話要及時做出反應。這雖是個老辦法，但的確很有效。比如，當他說：「這次招募，包括你在內，有許多人向我們公司寄了簡歷。」如果你像被訪問一樣說：「啊，這樣嗎？」這樣的回答可就不行。你這樣回答會好很多：「哦，這個職務這麼多志願者啊？」

4、閃電認識的男人，就直呼他的名字吧！

當你與剛剛聊天認識的男人在一家不錯的餐廳吃飯。假如沒什麼話題了，也不要過於在意。沒必要讓他發覺你的緊張。有時

直呼對方姓名會有很大的幫助。就當是為了下次見面叫得更自然做的練習吧！當從你的嘴裡叫他的名字的時候，兩人之間的隔閡也就在不知不覺中消失了。

不過還有幾點要注意。直呼姓名的方式在第一和第二次見面是最有效的，亂用只會讓情況變得更糟，有時還會讓情況惡化。所以，你要適當地用這個方法。

5、上司發火了，要像選手一樣寬大

當上司發火時，不要做些不誠實的舉動，或是有違自己一貫作風的事情。當然，如果他先問起，也沒必要反應得太過熱誠。像運動選手一樣寬大地對待他，告訴他：「我已經做好聽的準備了，請坦誠地說吧！」遇到這種情況，他反而會回頭想想到底是不是你的錯，火氣就會慢慢消下去。

但要記住，最後才能說這些話，之前要小心保持一貫性。不要總是想著該怎麼辦，這樣反而會影響工作效率。如果是你的錯，那就不能這樣了。要誠懇道歉，對於自己的過失要好好反省。無論遇到什麼樣的僵局，如果不長眼色，不明世事，胡亂找藉口，就會惹大麻煩，甚至丟了性命。掌握說話技巧，你將會輕而易舉地打破僵局。

如何避免尷尬

在很多時候，人們應該多為自己打算。有些人並不會體諒你的處境，很多人更是見到你尷尬便樂不可支。所以，打圓場不但要替人解圍，更要為自己找臺階，脫離窘境。自找臺階之術，不可不修。

讓取笑者自取其辱

中國著名歷史學者柳治徵，所著《中國文化史》，70餘萬言，多次印行，影響非常大。一天，有一位自詡為「新學者」的青年跑到柳老那裡，說：「線裝書陳腐不堪，對社會簡直沒有一點用處，還不如付之一炬。」

柳老聽後並沒有生氣，只是微微一笑，口氣平和地說：「我非常贊同你這個主意，但我還有更好的建議。這行動不做便罷，要做就要做得徹底。否則，這兒燒毀，那兒沒燒毀，還是產生不

了很大作用。應當來一個全國統一行動，把所有的線裝書通通付之一炬。不，這還不夠，把中國的線裝書全燒毀，世界各國圖書館還珍藏了很多線裝書，不把這些書統統燒光，說不定它們還會『走私』進來，又重新在中國蔓延。

這樣，我們豈不是前功盡棄了？所以，不僅中國的線裝書要燒掉，全世界的線裝書都要統一行動，全部燒光。這樣，不但線裝書不會在中國蔓延，而且外國許多漢學家，也不會孜孜不倦地鑽古紙堆了。否則，如果他們來華訪問，在經史子集上提出些問題，和我們商榷，我們將會瞠目結舌，無言以對，豈不貽笑大方，太難為情了嗎？」年輕的「新學者」聽後，面紅耳赤，只好匆匆地道別。

身為一個堂堂的大歷史學家，柳老竟然贊同焚燒線裝書，甚至必須燒完全世界的，其反諷之功實為老辣圓熟。「新學者」就是再遲鈍，也不會聽不出話中之刺。

反諷之創意始於抓住聽眾的判斷。用適度的誇張和頗有道理的反話，使人從「信其有理」到「發現矛盾」，再進而抓住你要表達的思想核心。

例如，歐斯卡‧魏德常常說些機智的反話。他寫過「我不贊成任何違反自然忽視的事」，「君子就是從無意中動粗的人」，「我們隨時都可善待我們毫不關心的人。」

這些誇張的反話乍聽之下很有道理，細細玩味才發現其矛盾之處。

晉朝劉道真讀過書，由於遭受戰禍，流離失所，無以為生，只好到一條河邊當縴夫。劉道真素來嘴不饒人，喜歡嘲笑別人。一天他正在河邊拉縴，看見一個年老的婦人在一艘船上搖櫓，劉道真嘲笑說：「為什麼女子不在家織布，而跑到河裡划船？」那老婦反唇相譏道：「為什麼大丈夫不跨馬揮鞭，反而跑到河邊替人拉縴？」

還有一次，劉道真在草屋裡和別人共用一個盤子吃飯的時候，看見一個年長的婦人帶著兩個小孩從草屋前走過，三個人都穿著青衣，他就嘲笑她們說：「青羊引雙羔。」那婦人望了他一眼，說：「兩豬共一槽。」劉道真聽後，無言以對。

生活中，總會有一些人愛故意找碴、挑釁滋事，想讓別人下不了臺。如果這時你退避三舍，必會遭人恥笑；如果視而不見，難免會有軟弱之嫌。如果你想化被動為主動，那麼就反唇相譏，這樣既可以讓挑釁者無言以對，也可以在主動中有臺階下。

張力和李強總是意見相左，張力便想在公眾場合故意讓李強難堪。在一次發言中，李強不慎讀錯了一個字，張力便在大庭廣眾之下說李強：「程度也太差了，連那麼簡單的字都不認得，還好意思在眾人面前說話！」李強見張力故意挑釁滋事，也就不客

氣了，笑著對他說：「這要比你做錯事還死不認帳強多了！」

李強的話是事出有因，張力在損壞了別人的東西後，非但不承認，還欲嫁禍於人，但又被人揭穿。因為這件醜事人人皆知，因而李強的話一出，眾人皆知其意，大家默然相視而笑。真可謂是：「偷雞不著反蝕一把米，欲辱人而自取其辱。」

李強在遭遇尷尬的情況下，運用的就是反唇相譏法，轉移了焦點，巧妙地回擊了張力的侮辱，使自己從窘境中擺脫出來。

將錯就錯

在現實生活中，或許你會因說錯話而陷入尷尬困境的情況。這或多或少會給你的人際交往帶來一些負面的影響。因而說錯話以後如何進行補救就顯得尤其重要了。為了使錯誤能夠及時得以補救，創造良好的人際關係和心境，最重要的是掌握必要的糾錯方法。而將錯就錯不失為一個好辦法。

將錯就錯就是在說錯話之後，能巧妙地將錯話接續下去，最後達到糾錯的效果。其高妙的地方就在於，能夠不動聲色地改變說話的情境，使聽者不由自主地轉移原先的思路，不自覺地順著我的思維而思維，隨著我的話語而調動情感。

在一次婚宴上，來賓濟濟，爭相向新人祝福。其中有一位先生激動地說道：「走過了戀愛的季節，就步入了婚姻的漫漫旅

途。感情的世界時常需要潤滑。你們現在就好比是一對舊機器⋯⋯」其實他本想說「新機器」，卻脫口而出，令舉座譁然。這對新人更是不滿意其言詞，因為他們都各自離異，以為剛才的話語隱含著譏諷的味道。本來那位先生是要將這對新人比作新機器，希望他們能少些摩擦，多些諒解。

但話已出口，若再改正過來，就會感覺不美。他馬上鎮定下來，略一思索，不慌不忙地補充一句：「已過磨合期。」此言一出，舉座稱妙。這位先生繼而又深情地說道：「祝福新郎新娘永遠沐浴在愛的春風裡。」頓時，大廳內掌聲如雷，一對新人也早已笑若桃花。

這位先生的將錯就錯真教人拍案叫絕。說錯話，索性順著錯誤說下去，反而巧妙地改換了語境，使原本尷尬的失言化作了深情的祝福，同時又表達出了新人間情感歷程的曲折與相知的深厚，讓人感覺到有點石成金之妙。

當在公開場合時，由於以前你曾犯過的錯，有人或別有用心或不明就裡，當面質問你的不光彩歷史，揭你的瘡疤。如果你直接解釋，或許沒有多少人會原諒你，況且在自己的錯誤上糾纏會越搞越糟。這時，你可用比喻、暗示等，以便大家能為你設身處地體會你當時犯錯的情景。

巧舌頭化解衝突

　　如果生活中沒有矛盾與糾紛，那麼在人際交往中就沒什麼場可圓，少了尷尬和僵局，也無需說什麼調解和講和。相反，只要有這些事，就免不了勞駕和事佬們來大顯身手。

　　事實上，只要圓場有術，世上沒有勸不開的架，沒有解不開的結，而這與說話技巧是分不開的。

　　以前從來沒有在眾人面前與常找碴吵架的人發生過糾紛，就不會瞭解下面的事實：吵得難分難解的雙方，無不希望趁早結束。但由於那些起鬨的圍觀者在旁邊注視，想結束都無法結束。

　　因此，雙方的話越來越尖銳，口氣也越來越硬，甚至演變為扭打的場面。當爭吵的雙方拳打腳踢，而圍觀者還在作壁上觀，無動於衷的話，那就真的讓人感到有些「悲哀」。所以對於旁觀之人來說，化解衝突是避免不了的。

　　如果是在同一個工作場所裡打架，這時候旁觀的同事都在看熱鬧，打架的雙方都會想：「這些人的本性全都顯露出來了。」

　　如果你能出面解圍，他們在心裡對你的感激，肯定像滔滔江水綿綿不絕，而你的「人情水果」落得一地自不必說，當你需要人來為你解圍時，也會有人甘心為你費這個口舌，或許你就能免受些皮肉之苦。但是勸這種動口又動手的架，需要有經驗。

　　大多的糾紛並不是像動武那樣刺激，一般情況下，都是文戲。諸如家庭糾紛，親戚、朋友之間的糾紛，同事之間的糾紛，鄰居之間的糾紛，陌生人之間的糾紛。如果不及時地加以解決，無疑就會影響相互關係和社會的安定團結。所以，掌握一些調解糾紛、化解衝突的語言藝術就有著非常重要的意義。很多情況下，打圓場是憑嘴實施的。

1、動真情，圓中有方，勸中帶威

　　陳某與某電影明星是夫妻，一次因發生了爭執，而被拒於門外。此時陳某恨不得砸門以消心頭之恨。一位老警察看到後，對陳某說：「好兄弟，我能理解你的心情，我們知道你是她的丈夫，所以這也是你的家。但是如果你在這裡鬧得不愉快，就會讓別人有藉口了，還有一點，收容所春節放假了，一旦鬧得不愉快，我們還得叫其他的警察，哪一個人沒有家？哪一個不想過一個團圓年呢？你還是仔細想想吧！」

255

老警察的言語看似無關緊要，然而對陳某卻充滿了理解之情，「這也是你的家」短短的一句話，不但表達出對陳某深深的同情，而且包含著對某明星的不得體行為的指責。同時老警察的話也充滿了對他的同事的關心，即如果陳某鬧出不愉快的事情，或許就會使他的戰友春節不好過。可以看出，老警察的語言中還飽含著「不要做違法的事情」之意。正是老警察這融情於理的語言引起了陳某的思索，使陳某放棄了衝動行為。

2、巧妙致歉，達成和解

有時，勇於承認錯誤，誠懇致歉也可以說是一種圓場辦法。

在每個人的一生中，各種衝突屢見不鮮，但有很多衝突都可以透過道歉消除的。其中，傷害了別人的人，只要能多些自我反省，勇敢地承認自己的錯誤，向受害人誠懇道歉，便不難化解衝突。

對於有些衝突，或許雙方都有調解的願望，但一時找不到臺階。調解者可以巧妙地替一方向另一方致歉，進而引起另一方的感動而又主動地向對方致歉，這樣就可有效地促成雙方和解。著名作家梁曉聲在他的著作中說過一件事，他的母親與鄰居盧嬸及盧嬸的兒子因用地問題發生了衝突，當他瞭解情況後，先指責了他的母親，指出盧嬸一家人在窗前加蓋一間房間的事情是可以理解的，因為他家人多，沒地方住。

　　然後他到盧嬸家時，替母親說了些致歉的語言。盧叔、盧嬸聽了他的話，非常激動地說：「不能責怪你的母親，不能責怪你的母親。」他們則向梁母承認自己吵架不對，是不尊重梁母的表現。兩家互諒互恕，就這樣和好如初了。

3、急生智，「咬文」搭臺階

　　在一輛列車上，一位婦女在賣雪糕，剛開始是二角五分一支，後來又叫到五角一支。另一位婦女買雪糕時說：「剛才還賣二角五分，現在就賣五角，有這樣做生意的嗎？」賣主卻說：「這叫一分錢一分貨，二角五分的怎能和五角的相比，我的雪糕是正宗貨。」臨走補一句：「虎了巴卿的（東北話『傻』的意思）。」

　　買雪糕的婦女臉上「唰」地面有難色高聲說：「妳這話是什麼意思？到底誰傻啦？」賣主頓時傻了眼，買主卻越叫越起勁，一場戰爭即將爆發。這時一位旅客靈機一動，說：「大姐，她說的是雪糕『苦』了巴卿的，不是說您『虎了巴卿』的。」

　　賣主也隨聲說：「我是說雪糕，不是說您，對不起，我沒說清楚。」旁邊的人也說：「剛才她說的是『苦』，不是『虎』。」那買主便逐漸消氣了：「哎呀，我的耳朵聾了，真不好意思！」

4、巧妙解釋，化解衝突

有時在特定場合中，雖然某種行為有著特定意義，但圓場者為了化解，可以巧妙地解釋成另一種意義。

戈巴契夫偕夫人賴莎訪問美國時，在去白宮出席雷根送別宴會的路上，他突然在鬧市下車和行人握手問好。蘇聯保全人員急忙衝下車，圍上前去，喝令站在戈巴契夫身邊的美國人把手從口袋裡伸出來。他怕行人口袋裡有武器，行人一時不知所措。

這時，身後的賴莎非常機智，立即出來打圓場，她向周圍的美國人解釋說：「保全人員的意思是要你們把手伸出來，好跟我的丈夫握手。」頓時，氣氛變得熱絡起來，人們親切地和戈巴契夫握手致意。

面對將要發生的衝突，賴莎機巧應變，巧打圓場緩解了當時尷尬的場面。記住：化解衝突也是需要一定技巧的，如果你能掌握住說話的技巧，那麼對你來說，將會是一件非常簡單的事，衝突也會在你的一句話間消失。而且這也正是一句話把人說服的重要體現，因為說服別人必須先把衝突化解掉。

與異性搭訕的「一貼靈」

日常生活中，有時會碰上讓你怦然心動的異性，可是總是無法接近和搭話，令人抱憾良久。下面介紹愛情交際學中巧妙與素不相識的異性「搭訕」的辦法。

要樹立搭訕並不是什麼不要臉的觀念，要克服恐懼心理。

一見傾心而終成眷屬，這種富有浪漫色彩的愛情故事在西方國家屢見不鮮，但在中國似乎只存在於言情小說或少男少女的玫瑰色的夢中──由於受「男女授受不親」等傳統思想的影響，即使你與對方一見鍾情，也只好把這種情愫深藏於心，甚至故意無動於衷，自己折磨自己。有人說：「愛情是一種緣分。」但如何把握住「天賜良緣」？

現代人非常講究說話技巧，更懂得在什麼時候說什麼話，對什麼人說什麼話和如何把話說得婉轉，讓想要辦的事情順利完

成。然而能夠靈活應用說話的技巧是一種智慧，不是每個人都能做得好的。或許你可以從下面幾種方式上得到一些啟發。

（1）先生對太太解釋說：「我不是忘了妳的生日，而是不想提醒妳。」稱得上是懂得聽者心理的話。曾經在一個宴會裡，看見一位女士堅持要某位先生猜她的年齡，在場的人都很為難，不敢多說一句，女士卻說：「沒有關係，你說嘛，你應該有點概念的，不是嗎？」這位男士只得開口說：「我是有點概念，以您年輕的樣子，應該減掉10歲；以您的智慧，又該加10歲。」這位女士聽得心花怒放。

（2）男：「我可以向妳問路嗎？」

女：「到哪裡？」

男：「到妳心裡。」

（3）男：「妳的腿一定很累吧！」

女：「為什麼？」

男：「因為妳在我腦海中跑了一整天。」

（4）男生看著女生襯衫的標籤，女：「你在做什麼？」

男：「想知道妳是不是天堂製造的？」

（5）今天很不順利，看見漂亮女生微笑會讓我心情好一點，

妳可以為我笑一下嗎？

（6）抱歉，我是藝術家，凝視美女是我的工作！

（7）男：「小姐，可以借我五元嗎？」

女：「你要做什麼？」

男：「我要打電話給我媽，說我看到了絕世大美女。」

（8）男：「今天的雨真大。」

女：「是啊！」

男：「那是因為老天對著妳流口水。」

（9）男：「相信我……我會讓妳成為世界上第二幸福的人。」

女：「為什麼不是第一呢？」

男：「有了妳……我就是最幸福的人……！」

但是，在一般情況下，女子都不討厭陌生男子的搭訕，因為她們的潛意識裡會認為這是因為自己有足夠的魅力吸引男性。男性在向女性搭訕前都會做好準備，擺好POSE，想好交談的內容。所以身為被搭訕一方的女性同胞就要稍稍瞭解這方面的小常識，以免被不懷好意的男性輕薄了。

通常向妳搭訕的男性會面露微笑，態度自然。他們對自己的

搭訕技巧很有自信，不會因為妳的拒絕就氣餒敗退，一般會視他對妳的企圖心再接再厲。若妳對向妳搭訕的男性稍表好感，這樣的結識法就能讓他享受到與妳短暫相處的樂趣。若他提出與妳約定下一次見面時間，那便是要「趁勝追擊」了。

與異性搭訕時，還可以談一些對方關心的事情，免得使對方反感。搭訕中，你不可大肆吹噓自己，這只會讓對方反感。你必須把對方關心的事放進去。對方關心什麼呢？人們最關心的莫過於自己，這是人類最普遍的心理現象。比如，當我們觀看一張合影相片時，最先尋找的是自己，如果自己的面目照得走了樣，就會認為整張照片拍得不好。因此，你必須談對方所關心的，不斷提起，不斷深化，對方不僅不會厭惡，而且還會認為你很關心體貼他。

小張的朋友的戀愛經歷很能說明這個問題。有一次，他到銀行去匯款，人很多，年輕的女出納忙個不停，有點不耐煩，她似乎對這份工作不甚滿意。朋友一見這位漂亮的女出納，心裡突然產生了一個念頭：「我想使她對我有好感，不過得和她談談與她有關的事。」經過觀察，朋友發現了她的優點。輪到幫他填支票時，他邊看她寫字邊稱讚說：「妳的字寫得真不錯，現在像我們這樣的年輕人，能寫這樣一手好字，已經不多見了。」女出納吃驚地抬起頭，滿臉通紅：「哪裡，還差得遠呢！」朋友真心誠意地說：「真的很好，妳大概練過字吧！」女出納說：「是的。」

「我的字寫得一塌糊塗，能把妳用過的字帖借給我練練字嗎？」女出納爽快地答應了，並約好下午到辦公室來拿。兩個就這樣在一來一往中有了感情，最終結成良緣。

說話時要特別注意，不要過於嚴肅或擺架子，如能幽默一點效果會更好。與陌生的異性交談，不能一本正經，態度嚴肅，要有幽默感。幽默是人際關係的潤滑劑，是智慧的結晶，它帶給別人的是快樂，無論誰都很難拒絕這個令人賞心悅目的禮物。

有一則故事：在一輛擁擠的公共汽車上，一個年輕人不慎踩到別人的腳，回頭一看，原來是位女孩，女孩滿臉怒氣，年輕人急忙說：「對不起，對不起，我不是故意的。」接著又伸出一隻腳，認真地說，「要不然，妳也踩我一下。」女孩一下子被這句話逗笑了。年輕人再次趁機搭訕，女孩也很樂意與他交談。這正是他的活潑和幽默，給女孩留下了深刻的印象。所以與異性搭訕時，不要過於嚴肅，要有幽默感。

與異性談話，是微妙的，也是複雜的，每個人都知道口才在談情說愛中佔非常重要的地位，一個口才好的人，在談情說愛的時候，總是比一個口才不好的人吃香許多。雖然情愛的發展並不只靠談話，但是從最初相識到互相熱愛的整個發展過程中，誰都不能夠抹煞言語在傳情示愛中的作用。

在談情說愛中所需要的口才，比平時要精緻細膩得多，但基

263

本的條件是一樣的，仍然是需要以同情與瞭解作為談話的基礎。男女之間進行交往，對異性亂說話或說了不恰當的話，不但會產生負面的結果，有時會演變成一場災禍。在談情說愛的階段，大都很會說話，以征服對方的心。

可是，異性朋友之間，說話必須大大方方，或是用一個微笑來開始你們的友誼，之後誰先說話都沒關係。但如果沒有機會交談，也不可勉強。正所謂：「強摘的瓜不甜，強說的話不動聽。」

一般情況下，自然、快樂的談話是應由雙方負責的，男與男之間或女與女之間，互相進行交談，似乎比較不成問題，但是男與女之間，彼此因為性別的關係，在一開始的時候就不免有點隔閡。雖然這隔閡在後來可以消除，也許會比同性之間更為融洽，不過在一開始時如何打破這隔閡呢？

一般來說，男子不得不先向女子發言，但大部分女子似乎都不準備先發言，把這吃力的工作交給男方去做，我以為這種態度是不大好的。事實上女方先找話題向男方發問，較易於男方向女方問話。因為男性的生活環境比女性的生活複雜，女方向男方提出的談話題材比較多，發問也比較容易。

如果遇到了有一種女子，不管你如何發問，她總是簡單作答，怎麼辦呢？你不必立即失望，要忍耐地繼續談下去，一直到引出對方最有興趣的話題。同時，時間也慢慢地使陌生變成較融

洽時，那麼談話就容易投機了。

假如仍告失敗，那麼不妨用激將法。假設你一時找不到適當的激將法，或試了仍無效果的時候，那麼你唯一解決的方法是，若有第三者在，顧左右而言他；倘若沒有第三者在，就對她說一段趣聞來結束這段談話。如果一個女生遇到這樣的男生時，她最好看看手上的錶，然後找一個理由離開。

一個男子和一個女子，或幾個男子和幾個女子，談話的局勢可說半斤八兩，談話的平衡發展下去是不成問題的。但若是一個男子處在幾個女子當中，或一個女子處在幾個男子當中，情形就有點不同了。一個男子最感苦惱的就是他處在幾個女子當中的時候，他不易找到一個插入談話的機會。有些女子不為旁邊的那個男人著想，她們開始談頭髮、談衣服、談鞋和絲襪；以致那唯一的男子雖想說些話，也不好意思插進去。怎麼辦呢？

如果不願保持緘默，不便跑開，他必須設法打破這局面。他應該設法把談話的範圍引導到較廣闊的境界裡，就她們最感興趣的問題發展下去。他不能談政治或談社會問題，因為在女人佔優勢的場合中，這個話題通常不會引起興趣、引起共鳴。

比如說，你可以說一些外國最近發明了一種代替人造纖維的織造絲襪，可以久穿不壞。像這樣的一句投其所好又引起好奇的話，是一句很適合轉換話題的開始，之後再轉到電影、歌唱、風

俗習慣等，以一種主動的姿態，把她們剛才所談的頭髮、衣服之類的話題扔到九霄雲外，開始了新的形勢，你便不至於被冷落了。至於一個女子在許多男子當中時，情形上就有點不同了。

男人與男人之間，所談的話題是廣闊的。也許是政治，也許是社會問題，也許是事業研究。在這種場合中的女子，她可以一直保持緘默，但必須保留一種傾聽的態度，如果一個女子想要把話題轉到頭髮、衣飾方面是很難做到的。即使能，男子們也不會對這個話題保持長久的興趣。

當一個女子處在男子群中，她最高明的表現是不要使男子們把自己視為一個累贅，她應該使自己的意見和男子們接近。當談到一些社會問題的時候，雖然她不一定要發表意見，但最低限度也要提出相對問題並聆聽別人的見解，當一個女子表示了她對於男人們的談論有同樣興趣時，這使他們覺得並沒把妳冷落，那麼妳就成功了。

身為一個聰明的女子，當她有機會接近男子時，她應該不要放棄那些認識社會事物的機會。關於社會事業進行的情形，沒有一個男子不願意為妳詳細地解釋。而且那些都是冠冕堂皇的問題，比那些「你覺得我的頭髮捲起好看，還是不捲起好看？」等題目要高雅得多。

話裡有愛意，
感情更濃

　　對於戀愛中的人們來說，會說話與不會說話就會有不同的結果。會說話的人說一句話就可以增進兩個人之間的感情；而對於不會說話的人，或許就因為那一句話讓你們兩人之間的感情破裂。所以，掌握住說話的技巧是非常重要的。

　　在表意的同時，有些語調往往帶有明顯的感情色彩，如讚美喜愛（通常稱為褒義）、憎恨厭惡（通常稱為貶義）等。

　　平常人們都是愛憎分明，選詞達意，褒貶得當。而易色就要打破這種規律，故意褒貶錯位，貌似「不明是非」、「不識好歹」，實則透過交換感情色彩表達一種更強烈的愛憎喜惡，而且具有幽默有趣、意味深長的效果。

　　貶詞褒用的方法，在關係密切的人之間可以縮短心理距離，顯示親密無間的關係，像「打是情、罵是愛」。親朋好友之間常聽

到諸如「你太殘忍了」、「太不人道了」、「不要剝削了」。《圍城》裡有一句：「他（方鴻漸）抗議無效，蘇小姐說什麼就要什麼，只好服從善意的獨裁。」這些都是貶詞褒用，是化過妝的褒義。

對於這種反語的運用，以戀人情侶之間的鬥嘴最為典型，有作家將其稱之為「碰碰車式的戀愛語言」。

玩過碰碰車的人都知道，其中的樂趣全在於東碰西撞、你攻我守。這種遊戲的新鮮與刺激並不是那些四平八穩地行車能與之比較的。在大部分年輕戀人中，特別是有較高文化素養的情侶們中間，有一種非常獨特、有趣的語言遊戲，很像這種碰碰車遊戲，那就是鬥嘴。戀人之間鬥嘴的特點：

一是目的的模糊性。對於戀人間的鬥嘴，並不是一定要解決什麼實質性問題、做什麼重要決定，而僅僅是借助語言外殼的碰撞來激發心靈的碰撞，進而達到兩顆心的相知與相通。因此戀人們經常會為一句無關緊要的話、一件微不足道的事而鬥得不可開交，對於一個局外人是很難領會到其中的奧妙與樂趣的。

二是形式的尖銳潑辣。從形式上看，戀人間的鬥嘴和吵嘴很相似。你來我往；你奚落我，我挖苦你；毫不相讓，「鍛林必較」。但這與吵嘴根本不同的是：鬥嘴時雙方都是以輕鬆、歡愉的態度說出那些尖刻的言詞，有了這層感情的保護膜，鬥嘴就成了一種只有刺激性、愉悅性卻無危險性的「軟摩擦」，成了表現親密

與嬌嗔的最好方式。很容易就能想像出，當說出「起碼你比較該死，比較混蛋」時，臉上肯定是帶著親切而頑皮的笑容的。如果換一種冷若冰霜的態度，那麼這句話就不再是鬥嘴，而變成一種辱罵了。

由於鬥嘴具有形式上尖銳而實質上柔和的特點，所以它比直抒胸臆式的甜言蜜語有了更大的展示情人間真實感情與豐富個性的廣闊空間。沐浴愛河的許多年輕男女都喜歡進行這種語言遊戲，在這種輕鬆、浪漫的遊戲中，使彼此加深瞭解，同時增進相互間的感情，也調劑愛情生活，戀愛季節就會更加多姿多彩。

其實，鬥嘴不僅僅是一種語言遊戲。有時它還可以消除戀人間的摩擦，這是一種別致而有效的方式。

比如你和女朋友出外旅遊，不是走錯路線，就是耽誤了食宿，這時候女友就會撅起小嘴抱怨：「哎呀，和你在一起，怎麼老是遇到一些倒楣的事呢？」面對指責，你可不能跟她動氣：「嫌我不好，妳另找別人！」這樣誰都不好看，還會傷了感情。

你不妨跟她鬥鬥嘴：「對啦，我們就是夫妻命嘛！」

「什麼叫夫妻命？夫妻就該倒楣嗎？」

「夫妻就是要共患難呀！想想看，要不是妳陪在我身邊，我一個人肯定無法應付得了這些。」相信聽到這些話，她的氣自然就

會消了。

既然說鬥嘴是一種有趣的語言遊戲，那麼它也就有一定的遊戲規則，這就需要戀人們特別注意。

1、要把握好感情的深淺。談話中有一個總原則：「淺交不可深合」。這句話同樣適用於戀愛之中。如果雙方還處在相互試探、感情脆弱的階段，如果想用鬥嘴的方式來加深瞭解，那麼可以選擇一些不涉及雙方感情或個人色彩的一般話題，比如爭一爭是住在大城市好還是隱居山林好，鬥一鬥是左撇子聰明還是右撇子聰明等等，這樣雙方可以不受拘束，安全係數也大。當雙方已是情深意篤，彼此對對方的性格特點都非常瞭解時，鬥嘴就可以爆笑怒罵百無禁忌了。

2、最好不要刺傷對方的自尊。對於戀人間的鬥嘴，最常用詼諧的話語來揶揄對方，通常免不了誇張與醜化。但是這種誇張與醜化，也要顧及到對方的自尊，最好不要涉及對方很在乎的生理缺陷或他很敬重的父母，也不要挖苦對方自以為神聖的人和事，否則有可能自討沒趣，兩人就會弄得不歡而散。

3、要留心對方的心境。由於鬥嘴是唇槍舌劍的交鋒，它需要有一個寬鬆的環境、充分的心靈餘裕，才能享受它的快樂。所以鬥嘴時，要特別注意戀人當時的心境。任何人都會有這樣的體驗，心情愉快時，可以隨便耍嘴皮、開玩笑。可是當你的戀人正

在為結婚缺錢而愁眉不展時，你卻來一句：「妳怎麼啦？滿臉不高興的樣子，好像誰欠妳錢似的。」鐵定會受到抱怨：「人家心煩得要死，你還有心情開玩笑，我找你這個窮光蛋真夠倒楣了。」這樣就使鬥嘴的味道變得苦澀無味了。

一句話表達出愛意

如果夫妻之間善於運用恰當的語言來表達愛意，必然會給家庭生活不斷注入活力，這樣夫妻關係就不至於隨著時光的流逝而變得平淡，相反，會像陳年老酒那樣，越釀越醇香，越品越有味。事實證明，有幾種語言表達方式能夠喚起人類愛情，你可以從中借鏡：

1、直抒情愛之語

夫妻之間，雖然用不著把「我愛你」之類的話經常掛在嘴邊，但也不能束之高閣，在某些時候不妨加以表露，以勾起對方美好的回憶，這樣在彼此心中就會激起一陣陣愛的漣漪，這對於加深夫妻感情無疑大有益處。有一對中年夫妻就是這樣，他們都是知識分子，平時各忙各的事，很少有交談的機會。可是，聚在一起總要說一些愛情之類的話題。在一起看電視時，劇情中男女親密情節常常成為他們夫妻愛情生活的話題，以此為引子，勾起往事，說說過去的甜蜜經歷，在回味的笑聲中，彼此又過一次幸福的愛河，感到十分愜意，關係又得到了一次昇華。

在這裡，我們不得不承認愛語是加深夫妻感情的添加劑。再如，有的人外出時，半夜裡還要給配偶打通電話，問候一下，說幾句體貼、安慰的話，甚至說一些只有夫妻兩人才聽得懂的言語，以勾起對方對愛的回味，自然彼此就會心動不已，愛得至深。由此可以看出，夫妻有時直抒愛語並非是多餘的，它可以給平淡的生活激起一連串的浪花，把生活點綴得更美好，它可以有力地推進夫妻的愛情之舟，使其不斷地駛入美好的境界。

2、體貼祝福之語

充滿愛意的語言並不一定都是那些帶有「愛」的字眼，一些關切、關懷、支持、祝福之語同樣包含著深深的愛意，這是對方都非常樂意聽到的。比如，有些人平時工作很忙，無暇照顧家庭，可是他們卻記得配偶的生日，藉機說一些真誠而動聽的語言以表達對配偶支持自己工作的感激之情和祝福之意，配偶聽了就會被其所感動，幸福的暖流在心中流淌。

有一個故事：丈夫喜歡釣魚，可是捨不得買好魚竿，妻子狠下心買了一支進口魚竿，在丈夫退休之日送給他，說：「你喜歡釣魚，我幫你買了一支最好的魚竿，多花點錢，只為了買個喜歡。」丈夫本來嫌貴，聽完她的話後，高興地說：「知我者，賢妻也。」不用說，這對老夫妻的感情更深了。

再如，當配偶身體不適的時候，安慰性言語更是不可缺少

的。丈夫做了妻子喜歡吃的菜，端到面前，再說上幾句貼心話，其作用比吃藥的效果不知要大多少倍！總而言之，體貼之語能譜寫生活的浪漫曲，使平靜生活變得多姿多彩，充滿情趣。

3、逗趣玩笑之語

有些人非常幽默，喜歡在家裡說些笑話，逗大家開心，創造歡樂的家庭氛圍，這更是明智的選擇。有的夫妻一回到家裡，就把自己的見聞趣事說給配偶聽，尤其是女性喜歡採用這種方式表達自己的心意，她們總是把自己以為最有趣的內容拿回來與配偶分享，引起一陣笑聲，其中就體現了深深的愛意。在一些生活比較拮据的家庭中，運用幽默語言調節心情，緩解生活的重負，分擔對方的痛苦，更是愛意的語言表現。

有一對夫妻發生了爭執，妻子生氣不吃飯，也不理睬丈夫，丈夫開玩笑說：「愛生氣可是老得快，愁一愁白了頭，妳想來個老妻少夫呀？」妻子被他逗得噗哧一聲笑了。丈夫又說：「這就對了，笑一笑十年少，笑一笑老來俏！」頓時，妻子笑顏逐開，嬌嗔地說：「小心我休了你！」她的心裡比吃了蜜還要甜。可見，笑語的作用是多麼的大！

對於以上充滿愛意的語言表達方式，如果用之得體有助於創造溫馨的家庭氣氛，生活中不妨試一試。

不要低估了一句幽默話的力量

著名的論壇作家朦朧說：「風趣、幽默的男人最好看。」

風趣、幽默說白了就是會說話。因此我們不但要會做也要學會說，更要掌握說幽默話的技巧。感動一個人未必都是慷慨的施捨和巨大的投入。當一位朋友在煩惱的時候，你一句風趣的問候足以在他的心靈裡灑下一片陽光。

不要低估了一句幽默話。一言風趣，它很可能使一個不相識的人成為你的朋友，甚至愛上你，把你送進幸福之門。

據說，著名幽默大師趙本山還沒有成名的時候，在上海的一次演出會上，他的風趣、幽默就迷倒了一群美眉，當時上海娛樂界一位年輕的美眉在演出結束後逐一和演員握手，到了趙本山這裡，這位年輕美眉卻含羞用嘴在他的臉上「狠狠」地親了一下：「你快走吧！不然我真的會愛上你的！」

生活中，我們要與形形色色的人打交道。學會說話技巧的確重要，風趣、幽默可以化解衝突、贏得友誼，幽默得體的言語也是你人際交往中不可缺少的潤滑劑。幽默是人際關係的潤滑劑，有時利用幽默表達一下對對方的不滿，也不失為一種好方法。

有一則小幽默：在飯店，一位喜歡挑剔的女人點了一份煎蛋。她對女侍者說：「蛋白要全熟，但蛋黃要全生，必須還能流動。不要用太多的油去煎，鹽要少放，加點胡椒粉。還有，一定要是一隻鄉下快活的母雞生的新鮮蛋。」

「請問一下，」女侍者溫柔地說，「那母雞的名字叫阿珍，可合妳的意？」在這則小幽默中，女侍者就是使用幽默提醒的技巧。面對愛挑剔的女顧客，女侍者沒有直接表達對對方所提苛刻要求的不滿，卻是按照對方的思路，提出一個更為荒唐可笑的問題提醒對方：妳的要求太過分了，我們無法滿足妳，進而幽默地表達了對這位女顧客的不滿。

讓生活多點幽默

幽默可以說是生活中不可缺少的部分。因為有些幽默能讓人含著微笑接受勸慰、忠告或批評。名人不乏這類軼事，例如古希臘有位青年要向大哲學家蘇格拉底學習演講術，為了表現自己的才華，他滔滔不絕地說了很多大話。蘇格拉底沒有直接批評他的淺薄與輕狂，卻表示願意收他做學生，但要收取兩倍的學費。年

輕人大惑不解：「為什麼對我要加倍收費呢？」蘇格拉底一本正經地說：「我除了要教你怎麼演講之外，我還要再教你一門功課——怎麼閉嘴。」

一位哲人曾說過一句話：「幽默是一種輕鬆的深刻，面對膚淺，露出玩世不恭的微笑。」細心體會，此話的確有道理。

對於「幽默」，《辭海》是這樣解釋的：「美學名詞。透過影射、諷喻、雙關等修辭手法，在善意的微笑中，揭露生活的乖訛和不通情理之處。」這樣說固然有理，但我認為它還包容不了幽默的全部內涵。有的幽默倒也不限於批評什麼、揭露什麼，它也可以是生活中的調味料、開心果、潤滑劑，或者是啟迪人們思維的鑰匙、增進身心健康的良藥。

有一位非常幽默的教授，一天講課時突然停止了授課，他面對混亂的課堂紀律，語重心長地對大家說：「如果坐在中間談天的同學，能夠像坐在後排玩牌的同學那樣安靜的話，那麼就不會干擾坐在前排的同學睡覺了！」面對混亂的課堂紀律，老教授絲毫沒動肝火，卻讓同學們像吃了開心果似的自覺地端正了課堂紀律，這就是幽默的力量。幽默還能巧妙控制對方的提問，輕鬆化解尷尬難堪的局面。

英國陸軍統帥阿瑟‧韋爾斯利‧威靈頓（1769年～1852年）曾因成功地指揮了英國對拿破崙的半島戰役被封為公爵，之後他

又與普魯士將軍布呂歇爾在滑鐵盧最終擊敗了拿破崙。他早年曾在印度服役，阿薩戰役時，負責和一名印度官員秘密談判。這位官員急於知道能割讓多少土地給他們，想盡辦法都不能讓這位將軍開口。最後這位印度人說，只要韋爾斯利透露給他這個消息，他願出50萬盧比酬金。韋爾斯利問他：「你能保密嗎？」「當然，我能保密。」印度官員答道。「那我也能保密。」韋爾斯利說。

還有一種幽默，展示人的智慧和口才，雖然顯得荒唐可笑，但又不失其機靈善辯。

1953年，日本首相吉田茂設宴款待來訪的美國要員尼克森夫婦。席間，吉田茂忽然轉過頭去，對身旁的尼克森夫人微笑著說：「有幾艘美國驅逐艦在東京灣停泊，請問這些軍艦是不是怕您受我們的欺負而開來保護您的？」一句幽默話，引起眾賓客笑語連連。但笑聲之中，聰明異常的尼克森已經感覺到吉田茂的話中之話了。當時，這些軍艦在日本東京灣停泊，曾引起日本朝野普遍的不安。尼克森對此事是完全瞭解的，他知道吉田茂是借助輕鬆、幽默的言語，委婉地表達對美國軍艦的不滿之情。

一句幽默、風趣的話常常可以化解許多難堪的場面，請問當你面對兩位同學因小爭執而發生口角時，你會用什麼幽默的話來化解雙方的誤解？

有一個故事：聽音樂會是古代歐洲上流社會的一種社交活

動，不論皇室還是貴族，為了面子，都要跟隨潮流，附庸風雅一番。所以在音樂會上，常有人一不小心就打起瞌睡來。當時的音樂家，除了自己創作樂曲外，還要為皇室、貴族的慶典活動創作與演奏。音樂家海頓有一次看到貴族打瞌睡，靈機一動，決定做一首新曲子，來和這些打瞌睡的貴族開個小玩笑。

期待中的音樂會終於來臨了，精心裝扮的紳士、淑女們，雲集出現在海頓的音樂會上。音樂會正式開始後，悠揚、美妙的樂音縈繞整個會場，輕快、悅耳的第一樂章演奏完之後，進入柔美的第二樂章。每個人都不知不覺地閉起眼睛，有的是陶醉在優美的旋律中，有些人卻打起瞌睡來了。

這時，海頓突然指揮所有的演奏者，一起奏出一個最強的和絃。那些正在打瞌睡的貴族，都被這突如其來的聲音驚醒了。「什麼聲音，發生什麼事？」當他們看到舞臺上的海頓依然在指揮，樂隊也繼續演奏，根本沒有發生過什麼事情。大家才恍然大悟，原來是幽默的海頓跟他們開了一個小玩笑。

運用幽默語言提出自己的要求，這種方法用途很廣。這種說話方式含蓄、婉轉，往往是暗示性、啟發性的，不會傷害雙方感情：如果你能接受，則可在笑聲中主動、樂意地採取措施；如果你不能接受，那也無關大局，權當聽一則笑話，一笑置之。

美國大作家馬克‧吐溫，有一次到某城一旅館投宿。有朋友

告訴他，該城的蚊子特別厲害，又多又凶。

那天，當馬克‧吐溫在服務臺登記房間時，恰巧有隻蚊子飛來。他笑了笑，對服務員說：「我早就聽說貴城蚊子十分聰明，果然名不虛傳，牠竟會預先來看好我的房間號碼，以便夜晚光臨，飽餐一頓。」服務員一聽都開懷大笑，由衷欽佩馬克‧吐溫隨機應變的幽默妙語，同時也明白了他暗示的要求。結果，這一夜馬克‧吐溫睡得特別好，因為服務員記下了房間號碼，很負責地做好了一切驅蚊工作。

可見，當你因某種原由要向對方提出任何要求時，應當考慮一下，對方能否接受，是否以幽默的言語，啟發對方思考你的話中之話，進而順順利利地解決問題。

有哲人說過，「認識自己的可笑其實是一種智慧。」因為自我解嘲往往是把自己的短處、缺點由自己展示並加以誇大和突出，透過這種展露，表現出你與眾不同的智慧和坦蕩、寬闊的胸襟。

生活中，幽默的力量是巨大的，每個人都不要低估了一句幽默話的力量。生活中不可缺少幽默，說話時不可缺少幽默，幽默能讓你化解一切困難與尷尬，幽默能讓你一句話把人說服。

國家圖書館出版品預行編目資料

說話高手的第一堂課／王光宇編著.
第一版——臺北市：宇河文化 出版；
紅螞蟻圖書發行, 2007.10
面； 公分. ——（森心靈；49）
ISBN 978-957-659-637-7（平裝）

1.溝通 2.說服
177.1 96018126

森心靈 49

說話高手的第一堂課

編　　著／王光宇
美術構成／劉淳涔
校　　對／周英嬌、呂靜如、朱惠倩
發 行 人／賴秀珍
榮譽總監／張錦基
總 編 輯／何南輝
出　　版／宇河文化 出版有限公司
發　　行／紅螞蟻圖書有限公司
地　　址／台北市內湖區舊宗路二段121巷28號4F
網　　站／www.e-redant.com
郵撥帳號／1604621-1　紅螞蟻圖書有限公司
電　　話／(02)2795-3656（代表號）
傳　　真／(02)2795-4100
登 記 證／局版北市業字第1446號
港澳總經銷／和平圖書有限公司
地　　址／香港柴灣嘉業街12號百樂門大廈17F
電　　話／(852)2804-6687
新馬總經銷／諾文文化事業私人有限公司
新 加 坡／TEL:(65)6462-6141　FAX:(65)6469-4043
馬來西亞／TEL:(603)9179-6333　FAX:(603)9179-6060
法律顧問／許晏賓律師
印 刷 廠／鴻運彩色印刷有限公司
出版日期／2007年10月　第一版第一刷

定價240元　港幣80元

ISBN 978-957-659-637-7　　　　Printed in Taiwan